U0012344

實　用

知　識

實鼎出版

就算社畜，也要當不吃虧的那一個

確慧仁——著
楊筑鈞 譯

附註

為保護個人資訊與身分，本書登場人物皆使用假名並稍加改編內容。

目錄

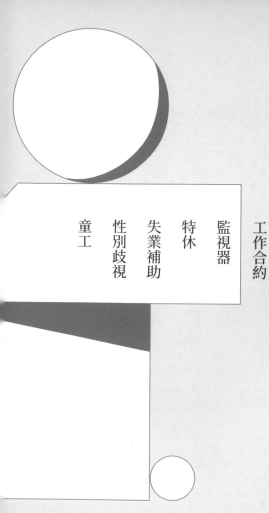

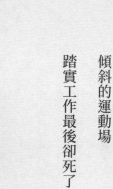

第三章　明日的心情

序言　「死撐精神」不是守護自己的辦法

「比起工作，和人相處更累。」我們都可能在某個時候說過這句話。在公司上班，除了個人負責的業務之外，也會需要開會、吃飯等不斷地和同事交流。在職場中的人際關係，可說是勞動條件的一部分。也許每天經歷的那些人際關係，才是決定我們在職場上能夠撐過去或難以忍受的主要原因，因此我們時常會反復這麼說：和人相處比工作還累。

從幾年前開始，韓國社會時常出現「權勢霸凌」這個詞。權勢霸凌是指占有相對優勢的人，利用自己的權力隨意對待他人。它存在於所有不平等的關係中，而最能突顯出這種權勢霸凌的地方就是職場，因為在職場中，各自的角色是固定的，並且層層劃分出階級。在不斷延伸的上下階級中，欺壓人的甲方與受欺壓的乙方之間不斷被複製和重複，因此我們成為權勢霸凌的受害者，或是在無意中成為了加害者。

在二〇二〇年五月韓國統計廳發表的經濟活動人口調查報告中，針對青年層附加調查的結果顯示，韓國年輕人平均在第一個職場待一年五．五個月，還不到一年半，而其中已經辭掉第一份工作的年輕人，平均在職時間為一年一．八個月，也就是才剛滿一年左右。在這麼短的時間內讓他們決定放棄工作的理由是什麼？放棄第一份工作的理由中，最大的原因是對勞動條件不滿，占百分之四十七．七，儘管每年比例略有不同，但不滿意工作條件是辭去工作的最主要原因。

臺灣根據勞動部二〇二〇年「十五至二十九歲青年勞工就業狀況調查」結果顯示，年輕人第一份工作平均做一年七個月，而離職原因有百分之五十四．〇八是因為「待遇及福利不符期望」。

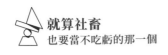

勞動條件包含薪資、工時、工作內容、組織氛圍、人際關係等職場生活的許多部分，其中最常讓上班族辭職的原因在於人際關係。韓國求職平臺 **Incruit** 在二〇一九年調查的上班族辭職理由中，「上司、老闆」所占比率最高，為百分之二十一。而另外兩個求職平臺 **Job Korea** 和 **Albamon** 在二〇二〇年共同進行的調查結果顯示，「職場內權勢霸凌等與上司、同事之間的矛盾」是辭職理由中比例最高的，可以想見人際關係對上班族帶來很大的壓力，甚至到了要辭職的地步。

yes123求職網在二〇二二年四月公布的一項調查顯示，有高達百分之七十一．六的勞工曾經遭遇「職場霸凌」，且職場霸凌來源，在可複選狀況下，由「同事」（百分之七十七．三）和「主管」（百分之五十二．二）占據前兩名。

在我擔任勞務士*的期間，遇過因上司的粗話和無視而受到傷害，或者面對犯了輕微錯誤就會大發火的上司而畏縮，抑或是被上司差遣去跑腿處理私事和打雜而對自己感到羞愧的上班族。有時候目睹上位者嚴重的權勢霸凌行為，甚至會讓當事人想要立刻逃離。雖然當事人為此感到非常痛苦，但出乎意料地，他們並不會輕易離開公司，這點也讓我開始思考，這件事到底意味著什麼。

「工作」這件事深深地扎根在我們的生活之中。我們為了賺錢而工作，運氣好的人，會找到適合自己的工作，並對自己在工作上的角色和作用感到滿足。雖然起初是為了混口飯吃而開始做的事，但是不知不覺間，工作已經成了我們的生活。隨著工作和自己被放在同等位置，我們漸漸地熟悉了以工作為中心的思考方式，而將自我拋在腦後，因此，即使在工作崗位上遇到不正當的事，也變得很難判斷哪裡出了問題。

＊ 在日本或韓國，經過國家考試與實務訓練，並加入勞務士聯合會或協會等組織的專業人員，協助事業單位或勞工瞭解勞動法令、解決勞動及社會保險等事務。

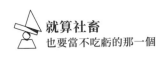

這種嚴重的失衡，讓我們即使在職場遇到不公平待遇，也不敢試圖擺脫那裡。我們會開始說服自己，只要適應了就會好起來，只要我自己把事情做好就可以了，進而把問題的原因歸咎於自己。當我們暴露在不當行為中的時間愈長，就會愈自責、無力、孤立，從而患上心理疾病。世上最重要的是自己，但我們卻連是否在失去自我，都變得無法判斷。

其實我們不該試圖適應這些不當行為，只要堅強地撐下去就可以的「死撐精神」並不是守護自己的辦法，「撐過就贏了」這句話在職場上是行不通的。

為了透過工作成長，也為了成為更好的人，我們不斷地堅持和忍耐，鞭策著自己，就像是「成長中毒」一樣。然而在我們的生活中，工

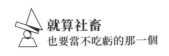

作固然重要，但我希望大家在除了工作以外的事情，也能夠獲得成長並感受到快樂，讓工作成為幸福的一部分就好。

為了能在工作中保護好自己，我們必須要能看出問題在哪裡，要能區分上司的要求是否合理，並且隨時確認自己是否也在不知不覺中欺負後輩，而要做到這些，就需要職場生活中可能經歷的各種事情的基準線。本書所包含的事例和勞動法相關資訊，既是確定行為正當性的標準線，也是健康職場生活的指南，衷心希望這本書，能夠幫助大家克服艱難的工作生活，成為大家的力量。

勞務士　確慧仁

第一章

今天的心情

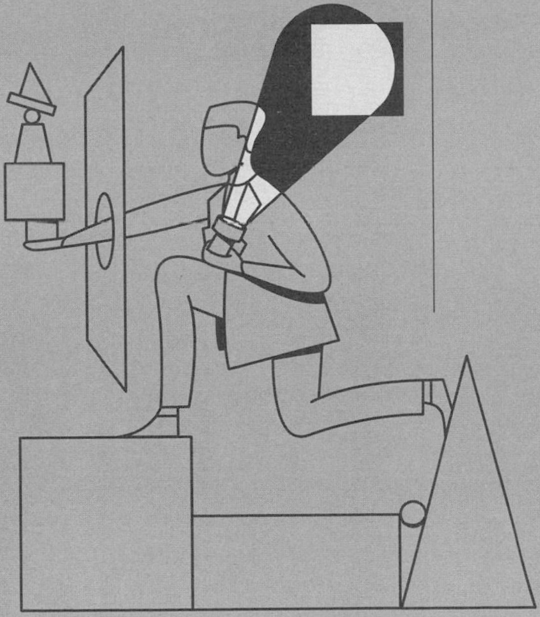

오늘의 마음

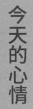

○只是成為上班族

小時候，學校的作文會要求學生寫「我的志願」，大家都會寫當醫生或教授，沒有什麼特別的理由，只是誤以為自己很特別而已。認為自己要麼擁有特殊的能力，要麼在某個領域極有天分，但因為年紀還小，不知道結果會怎麼樣，無論如何，大家都認為自己將會成為引人注目的人。這可能是幼兒缺乏自我客觀化的常見症狀，但這樣的錯覺並沒有持續多久，在我們開始接受正規教育，把考試獲得高分當作唯一目標，被強迫成為整齊劃一的人時，也同時抹去了可能在自己身上存在的某種個性之類的東西。

韓劇《三流之路》的女主角崔愛羅，她的夢想曾是播音員，但後來成為百貨公司服務檯職員，而曾是跆拳道選手的男主角高東萬，則成為驅蟲公司的職員。男女主角度過了非常叛逆的國、高中時期，抵抗成為普通人的整齊劃一性。但是公共教育的力量很強大，現實的壁壘也很高，主角群們曾經擁有閃耀的夢想，隨著時間的流逝，色彩也漸漸變得黯淡，直到遇見某個契機後才再次發光。但這是只有在電視劇裡才能看到的戲劇性要素，毫無疑義地接受正規教育的我們，學習了「從學校畢業之後就要上班、賺錢」的社會規則，將脫離規則視為罪惡，並且強迫自己必須成為符合規則的人。

我一直以為自己是會傾聽內心聲音，也知道自己想做的事情是什麼的人，但是從學校畢業要開始就業時，這一切卻變得遙不可及。雖然一直認為自己被強制拘留在規則中，然而不知不覺地，我卻也已經習慣了規則中的生活，但規則中的上班族，模樣卻有點不同。違反規則的學生雖然有可能會拿到較低的分數，但違反規則的上班族，卻要接受職場上司「斷章取義」的人格侮辱，而且做不好就會被趕出公司。當然，如果說成為上班族，要比學生時期承擔更大的責任，那這麼做也是理所當然，可是，我們並沒有理由忍受更大的傷害。

當我們進入那些刊登著各種工作職缺的網站，反復閱讀已經看過的公告，這並不是因為什麼閱讀困難，而是由於職缺說明上，通常除了企業名稱、工作場所、工作時間以外，不會有其他資訊。負責業務或資格條件上寫的也是一般的內容，根本沒有明確寫出具體要負責哪些工作。最令人好奇的是薪資，大部分求才公告都像謎題一樣，沒有用數字寫出月薪是多少，只是說「按照公司內部規定」，但會看到這個求才公告的，百分之九十九是無法得知公司內部規定的外部人士，這似乎只是高尚地寫下了「不知道薪資也沒關係」。即使如此，人們在開始工作之前，根本不敢問薪資是多少。

臺灣《就業服務法》規定，若經常性薪資未超過四萬元，就必須在徵聘公告中公開實際待遇，不能寫「面議」或「依公司規定」。

光看網路流傳的例子也是如此。有個想要在便利商店打工的求職者用簡訊詢問業主時薪是多少，業主提出了一個連最低薪資都不到的金額說是時薪，求職者看到之後，表達自己拒絕這份工作的意思，表示不會去那裡工作。然而，雇主用很隨便的語氣說：「像你這種還沒開始工作就計較最低薪資的人沒有禮貌，我也不想聘你。」雖然這只是在網路上當笑話傳的「迷因」*，但其中蘊含著許多社會問題。儘管勞工和雇主是在對等關係上簽訂工作合約，但這只不過是教科書式的表達方式而已，實際上大部分勞工很難開口提薪資這兩個字，即使薪資拖欠、薪水有少或是想知道薪資是如何計算的，也不敢問。甚至一些公司的新職員，還有不知道發薪日是哪天的情況。教科書裡面寫著，勞工向雇主提供勞動作為代價，而雇主應向勞工支付薪資，但在現實中，薪資卻是像雇主賜予的恩惠般的存在。只要努力工作，雇主就會施捨恩惠，看著勞工因此

* Meme，又稱網路哏，指短時間內在網路上被大量宣傳和傳播，備受注目的事物。

對薪資閉口不提的氛圍，我感覺像時光倒流回到五十年前，雖然當初也不是只看薪資來決定就業，但害怕開口問薪資會被譏諷是只想著吃飯而擔心會不會連飯錢都付不起。如果聽到這樣的話，從一開始心情就好不起來。

在招聘公告前猶豫不決時，我想起了在學校時上過的「韓國社會和勞工運動」或「韓國勞動問題」等課程，忍不住發出「啊，就是這個啊」的感嘆，原來自己覺得很遙遠的勞動問題就是這個啊。雖然什麼事都沒做錯，但是當我看著自己害怕而看人臉色的模樣，開始推測當初將雇主與勞工原本極不平等的關係，至少雕刻成略為平等的主雇關係就是勞動法令以及勞工運動的作用，我就這樣對勞動問題產生了興趣。如果說，自己到目前為止都是過著符合規則的生活，用安穩交換了憂鬱，那麼現在就是為了少受點傷害，決定稍微脫離規則。從學校畢業後進入勞動市場時，勞動問題就是自己的問題，當我具備了作為勞工的認同感，透過這條路，我找到了以勞動問題為主要焦點活動的市民團體，然後那個地方便成了我的第一份工作。

就像我拿安穩交換了憂鬱一樣，每個人都會經歷人生中交換重要價值的選擇時刻，例如按照上司的指示加班，卻得面對身體垮掉的瞬間，或者是原本以為會成為體面的上班族，卻因為工作受傷而被轉嫁責任的瞬間，抑或因為是約聘職員或身為女性而受到歧視的瞬間，以及拖著疼痛的身體上班的瞬間。這些無數個瞬間，我們都受到了擁有權勢的公司的傷害，雖然這些瞬間，大部分都讓我們備感委屈和無力，但也會成為我們覺醒的契機。成為上班族後所經歷的挫敗，就是我們透過公共教育學習的規則所預定的頂點，讓我們成為溫順勤奮的「中堅骨幹」。雖然我們彷彿抹去了自身個性，成為一個個「普通上班族」，但也許讓我們受挫的荊棘之路，反而是唯一的救贖之路。

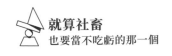

○從浪漫到倦怠

我時常受到委託，為剛步入社會的學生舉行關於勞動法令的講座，雖然這已經是我的第三份工作，但由於年資還不長，所以我和其他剛步入社會的新鮮人一樣，有很多第一次嘗試的事，也會擔心周遭對我的評價。因此，我在為剛步入社會的新鮮人構思勞動法相關講座時，也更加用心。當我苦惱著初次就業的年輕人需要什麼樣的資訊時，我決定把重點放在「辭職」上。我認為，比起進入公司時簽訂工作合約，每天工作八個小時，超過就要獲得延長工時的加班費等等，更重要的是要「擅長辭職」，因為大家都會對第一份工作抱有太大的期待，即使已經內傷到應該離開那裡會更好，卻還是有因為迷戀而無法及時逃離的情況。

我在開始第一份工作時下定了決心，告訴自己無論發生什麼事，至少也要堅持三年才行。第一次進入職場，讓人既激動又害怕，但對我來說，恐懼的成分更大。光是有一個地方願意把我創造的有形和無形產品視為有用之物，我就已經非常感謝，只擔心自己會不會毫無用處而已。對我來說，第一份工作就是必須順利通過的關卡，我認為只有這樣，我才能順利地度過今後的職場生活。就這樣，我在滿三年又一個月後離開了那裡。對我而言，第一份工作就像是故鄉，因為是第一次做的事情，為了做得更好而費盡心思，過度想要好好表現的欲望令我疲憊不堪，但因為是第一份工作，無可避免地只能這樣。

就像為了在沙漠中生存，而將葉子進化成尖刺的仙人掌一樣，剛步入社會的年輕人為了在職場上生存，會以積極的態度努力工作。第一次工作，所以不知道要付出多少努力，第一次拿在手上的薪資只會是甜蜜的，第一次獲得的歸屬感很溫暖，第一次感受到工作上的認可和成就很激動，所以沒有辦法輕易放棄。但也因為第一個職場是讓人擁有如此豐富多彩的經驗和情感的地方，第一份工作經歷的挫折對人生也有著重大意義。

參加為社會新鮮人所舉辦的勞動法講座，會面對比任何時候都更加閃耀的目光。從看招聘資訊時需要注意的地方開始，入職時必須同時簽訂的工作合約中需要仔細觀察的注意事項、工作時間和最低薪資、特休的基本資訊，還有像職場性騷擾或霸凌等等，並說明可能會利用社會新鮮人的傻勁而發生的危險因素，接著正式以辭職為主題開始演講。考量到大學招牌是就業的基本這個現實，大概可以推算從國、高中時期努力考上好大學，再加上大學畢業準備就業的時間，我們幾乎可以說是花了十年以上埋頭於就業準備。好不容易找到了第一份工作，但根據韓國就業訊息中心（KEIS）二〇一九年調查結果顯示，百分之四十三的青年就業者入職後不到兩年就辭職了，其中百分之二十三更是不到一年就離職。以小企業為例，兩年內辭職的比率接近百分之五十，連大企業的新鮮人辭職率也達到百分之三十五，這是一件很奇怪的事，當我們經過了十年的努力，終於找到第一份工作，為什麼會不到兩年就離開了呢？

英敏在進入職場兩年又六個月後，辭去了第一份工作。他花了很長的時間才找到第一份工作，因為想從事和畢業科系不同領域的工作，還去學習了新的專長，但要就業卻不容易。也許是因為錯過了找工作的時機，英敏從學校畢業之後，也作為待業者生活了很長時間，後來透過偶然的機會，他找到了首爾 S 公司的工作。英敏在公司裡是最年輕的，沒有任何經驗，相反地，同事們在年齡和經歷方面都是前輩，儘管對英敏來說，一切都很新鮮又陌生，但對他的同事們來說卻是熟悉的事。英敏雖然竭盡全力，但適應起來還是很吃力，因此又付出了更多的努力。他在工作時常聽到「年輕的時候辛苦一點也沒關係」的話，前輩們也對他說：「年輕人就算犯錯也沒關係，要大膽地挑戰。」但是在公司裡，英敏小小的失誤被議論紛紛，而同事犯錯卻只被一笑置之。英敏遲到的話，就會被說連自己的體力都控管不好，不繃緊神經的話，就很容易違反規定，但事實上其他前輩幾乎每天都遲到，前輩們對年輕人的雙重標準令英敏感到畏縮。英敏雖然很訝異，但這是他的第一份工作，所以為了「像個年輕人一樣」，他更加努力地工作。

然而公司職員對社會新鮮人並不寬厚，就因為「你是新人」，所以什麼都說可以累積經驗，然後把麻煩事全推給英敏，並且說「因為你還年輕」，認為他馬上就能適應，不給他任何時間。雖然夢想著堂堂正正的上班族模樣，但現實卻是急於滿足公司期待，因此絞盡腦汁、把自己折磨到即使是馬上倒下也不令人意外。雖然很努力消除那種「如果第一份工作堅持不下去，到哪裡都無法堅持」的挫敗感，但他最終還是迎來倦怠。他的心受傷了，是一種原因不明的疼痛，雖然只撐了兩年半，卻帶給他即使過了很久也難以恢復的自卑感，他這段時間以來的努力變得黯然失色，更讓他陷入了深深的無力感之中。

其實如果英敏在對第一份工作的浪漫想像變成職業倦怠之前辭職，也許內心的傷會輕一點。我就是為了像英敏這樣的年輕人，才先在講座上介紹能夠好好辭職的法律資訊。最重要的是，在心靈受傷之前，你一定要離開。前輩們的雙重標準、不願等待的急躁、利用社會新鮮人衝勁而指派的雜活或過度勞動的盡頭，都會是職業倦怠。勸他離職聽起來可能是不負責任的話，但是在精神崩潰之前，欣然選擇辭職才是守護自己的方法，希望大家不要忘記這一點。

◯以為是自己有問題的錯覺

到大學二年級爲止，我都還乖乖上著大學，但在大三的第一個學期，我完全沒有註冊就直接休學，當時覺得自己被大人騙了。大人們的謊言從「小時候長肉，長大就會抽高」進化到「等到二十歲就什麼事都可以做了」，把十多歲所應擁有的那些時間往後推遲，然後對於那些沒被謊言騙過去的十多歲青少年施加各種壓力。他們被以晚自習、校服、在校成績、模擬考試、大學考試等各種名義，受到整個社會近乎是囚禁般的監督。就這樣按照大人們的指示，一點一滴地忍受著壓迫，以為到了二十歲就會獲得補償，然而現實卻截然不同。

到了二十歲，所謂的補償就像曇花一現般，很快地競爭又開始了。學校學分、多益成績、競賽、志工活動、校外活動等，到了二十多歲還是不得不忍受不亞於十多歲時被向後延的時間。我讀的是一所競爭氣氛沒那麼激烈的學校，所以情況還算不錯，但我還是得兼顧學校學分、校外活動和打工等，日子過得很忙碌。後來我突然想到，雖然自己按照大人們的指示過著生活，但到了二十歲之後，不僅沒能做自己想做的事，反而還要努力完成某個看不見的人所要求的任務，為了不要成為依然看不見的那個怪談主角，我感覺自己似乎過著一種被追趕的生活，然後我忽然覺得自己完全被騙了，於是便閃電宣布休學。在不用去學校的這段時間，就像是一生僅有一次的自由，雖然這真的是我渴望已久的自由，但為了這份自由，我需要一個不在場證明。為了證明自己沒有虛度時間，於是開始準備考電腦證照，在幾個月之後順利拿到證照，心情才終於放鬆下來，但我內心卻始終對毫無目的休學而感到不安。

現在回想起來，當時所感受到的不安，就是冒險時會產生的不安。求職時為了進入公司而寫的幾張履歷和自我介紹，要證明我從小到現在度過了什麼樣的人生，因而成為該公司所需要的人才，並說明在那段時間裡我學到了什麼。但其實這是一種強迫，我們被迫說出若是在某段特定時間內沒有學習或取得什麼成就，就是度過了一段毫無意義的時間。因此，對於休學後需要錢而開始的咖啡店打工，我只能編造一些荒謬的謊言來掩蓋，說打工是學習咖啡店經營、接待顧客以及技術交流等的機會，後來我甚至把它內化成了自己的東西，讓人難以區分這到底是不是謊言。

我們為了遵循社會上普遍認可的標準而不斷努力地生活。雖然我是構成那個社會的一個小小的單位，但如果問社會要求的任務或標準究竟是誰制定的，那麼我必須說，在這方面，我從未行使過表決權來決定任何事。雖然我也是這個社會的成員，但對於社會要求的所謂「一般標準」總是感到莫名地違和。然而，選擇不同的生活需要很大的勇氣，作為社會上的存在，為了不脫離標準，我們應該努力完成在特定時間畢業、積累資歷然後就業的任務。雖然我們會期待只要符合社會標準，就能展開順利的生活，但這其實只是另一個開始而已。空虛的人生旅程讓我們以為只要完成任務就能平安無事，但在不知不覺間成為上班族而面對的場面與以往不同，是直接又粗暴的現場，很難提前學習或預先準備。

第一次成為上班族後，我所感受到的是，即使沒有我，公司也不會有什麼問題，也能夠運作得很好。雖然對我來說一切都很新鮮，但公司其實是無聊地延續著相同的模式在運作，儘管剛進來的我有許多未知的東西，但除了我以外的同事似乎都已經知道的不安感向我襲來。在陌生的空間裡，在陌生的人群中，我被困在這個似乎只有我一個人是傻瓜的孤獨之中。事實上，我在從事第一份工作的時候，曾經寫信給老闆，寫著「老闆，我覺得工作太難，好像做不下去了，大家好像都對工作很瞭解，所以問問題很尷尬，而且也讓我感到畏縮，我覺得我可能需要更多的時間去準備。」但卻沒能交出去。在必須撐下去做困難工作的壓力和無法確信自己是否能夠理解的不安之中，裝出若無其事表情的我，覺得自己很厚臉皮卻又感到委屈。就像一首離別歌曲，話還沒說完就覺得自己要哭了，所以才用寫信的方式。雖然現在可以笑著說這些，但對當時的我來說，真的是人生的一場大危機。像這樣第一次踏入的職場中，存在著許多變數，也無法用活到目前為止所積累的防禦能力來應對。就像是個成為大人的儀式一樣，毫不懷疑地接受的那些固有規則，也對預先學習或準備成為上班族後遇到的事沒什麼幫助。但卻很少見到有誰願意可憐這種剛步入社會的新人，或是真心想幫助他們，大部分的人都是放任這些情況的旁觀者，或者是想要藉此展示自己優越的地位和能力的「老頑固」。

即使學歷很高，也積累了很多資歷，但初入社會的人就像是新生兒一樣，當然會需要周遭的幫助和充分的時間，但是公司不會等待，只會讓他們靠自己生存下去。公司最重視績效，為了取得更多成果，效率非常重要，因此沒有餘力去教育和培訓任何人。在正常運轉的公司裡，不知道應該從哪裡開始做起，剛踏入社會的年輕人總是會感到不安、孤獨、畏縮、羞愧等各種痛苦。雖然我們看似與公司是毫無關係且不同的存在，但為了堂堂正正地成為公司這個組織的一員，我們又再次開始這場努力的競賽。

然而經歷過倦怠的人都知道，一個人能夠傾注於某個地方的總量是固定的，單方面犧牲自己加入組織的瞬間，必定會破壞平衡，逐漸失去自我，最終讓身體和心靈的各個角落都感到疼痛不已。其實，我們活到現在已經夠努力了，問題在於那些只注重成果和效率，以個人的犧牲來獲得成長的組織，只是個不願等待剛出社會的新鮮人的地方而已，因此，我們沒有必要陷入認為是自己很奇怪或無能的錯覺中。在工作崗位上最重要的，就是不要迷失自我。

◯從委屈變成執著

偶爾進行諮詢時，會聽到「為什麼要留在這樣的公司」的話，尤其是在諮詢職場上司言語暴力太嚴重或行為野蠻到已經非常識所能理解的職場霸凌事例時，更是如此。熙延每天都會遭到上司的辱罵，雖然他們說的都是難以啟齒的下流話語，但長時間待在以男性為主的現場工作，領悟到這是為了生存而使用的溝通方法。然而隨著時間的推移，這些惡言惡語不僅無法讓人理解，反而壓力愈來愈大，上司的辱罵也愈來愈粗暴。凡是經歷過的人都知道，充滿憤怒的辱罵本身就是一種威脅。有一天，我走在路上碰到一名男子，他朝我說了一句髒話，這就已經讓我雙腿發顫，想到要被每天都會見面的上司罵髒話，熙延無異於身處在一個不知何時會響起槍聲的戰場。

秀英和上司共用一間公司宿舍，連下班後也要和上司共享生活，這是非常疲憊的事，但是秀英卻經歷了超乎想像的麻煩。上司在下班後要求秀英做晚飯，週末還要她洗衣服，不僅打掃，連採購生活必需品和食材也變成秀英的工作，甚至這些花費都得由秀英負擔。雖然壓力很大，但秀英如果想繼續上班，就只能繼續共用宿舍，她沒有其他選擇，只能忍耐。上司和她共用房子的期間，對小菜的抱怨不知不覺變成了辱罵，就這樣過了三年。熙延和秀英以「法律上不能追究職場上司的責任嗎？」為由要求進行諮詢，但我認為現在已經不是他們接受諮詢的時候了，他們該做的是逃離公司。然而，離開公司並不是一個容易的決定，對熙延和秀英來說也是如此。

「公司」並沒有欺負他們，相反地，公司反而是對個人生活有多方助益的地方。基本上，公司會發薪資，而靠著這份薪資，我們可以享受不僅僅只是溫飽的生活，可以購買漂亮的衣服、鞋子和化妝品，也可以看想看的書或表演，還可以和喜歡的人一起旅行，或和家人到不錯的地方吃飯。薪資不只具有單純的物質意義，雖然也有人認為要存錢才能感覺到幸福，但大多數人都會為了度過愉快的時光而欣然支付金錢，而且只有上班才能拿到這樣的薪資。此外，隸屬於某個地方所帶來的安全感和做著有用的事，也對個人具有重要的意義，可以說是一種成長為「有用的大人」的安全感。因此嚴格來說，讓熙延和秀英備感痛苦的並不是公司，而是「職場上司」，所以他們相信只要上司消失，就不會有什麼問題了。他們認為，如果想要享受公司帶來的好處，就必須承受某種程度的壓力，靠著這樣的信念堅持了很久。

但他們兩人的判斷是正確的嗎？這真的只是職場上司的問題嗎？那麼，長期放任嚴重的辱罵和非正常關係的公司，是否也該負起部分責任？答案是肯定的。即使幸運地，惡劣的上司先離職了，那也只是運氣好而已，類似的事情很可能會反復發生，而且即便如此，當時公司有很高的機率已經目睹了非正常現象，但他們只會裝作不知道，認為承受被霸凌的痛苦，是被霸凌者的責任，因此推卸責任，袖手旁觀。然而，熙延和秀英並非不知道這個事實，只是他們認為，應該離開公司的人不是自己，而是上司。要想這樣做的話，就必須將折磨自己的上司假設為唯一的罪魁禍首，將組織和自己以相同立場來看待，他們的心態也許只是想藉此在分幫結派中占據優勢，因為愈是陷入困境的人，就愈難面對並接受現實。

明明受到了嚴重的職場霸凌，卻無法辭職的理由到底是什麼呢？這是因為經歷過不正當情況的無力感會帶來更強烈的無力，導致一個人無法做出任何應對的惡性循環，或是即使他沒有做錯任何事，卻被欺負了，因此應該消除委屈的心情才行。在這種情況下，如果受害者先離職了，那麼可能會在受害者的身上形成無法對抗不正當情況而逃跑的雙重傷害，因此就算是為了阻止其他受害者，也必須在這裡切斷霸凌循環的紐帶，但無論如何，我們無法統一規定人心應該要怎麼想，所以在這裡只是回顧一下，如果是我面對這件事的話會怎麼做。

在充滿許多疑惑和欲望的學生時期，當時韓國正在進行反對進口狂牛症牛肉的燭光集會。當時的我什麼都不懂，只是跟著學長姐們在示威廣場上感受到了解放感，並且想要瞭解社會上的各種不合理性。在學校聽課或找書來學習時覺得很平淡，而且侷限性也很明顯，因此我決定暑假兩個月在一個市民團體裡實習，雖然是不支薪的，但還是要提交履歷和自我介紹，面試通過之後才能進到裡面實習。我想學的和想體驗的東西很多，因為充滿了期待，因此也下定決心要好好努力，但是沒過多久，我就完全失去了熱情和欲望，儘管就像普通職場內的霸凌受害者一樣，我幾乎沒有做錯過什麼。

剛開始實習沒多久，老闆的熟人某天來公司，並請大家吃午餐。我每天的工作內容其中一項就是把用公司信用卡結算的餐費收據複印一份，然後存檔。但那天老闆熟人請客，所以沒用公司信用卡，可能因為這是我每天的例行公事，我誤以為是自己忘了拿收據，當時立刻對老闆說「我沒拿收據，所以要去一趟餐館重拿」，但老闆卻大聲地斥責我並說道：「客戶請我們吃飯，為什麼還要拿收據？況且拿收據也不是什麼難事，為什麼連這個都做不好？」我當下覺得太丟臉了，因為犯了一個愚蠢的錯誤而感到羞愧，而且這是我第一次這樣被人當眾大聲指責，所以也不知道該如何應對，一瞬間只是感到很驚慌，什麼話都說不出口，身體也僵住了。在此之後，這種情況也反復出現了好幾次，即使只是小小的失誤，老闆也會大聲地指責我，而且不在意周圍有誰，只會提高嗓門，憤怒不已。每當這種時候，我覺得自己彷彿成了這個世界上最醜陋的人，自然而然地，想在公司裡好好學習工作的想法逐漸消失了，變得只是希望能夠安靜地打發時間，撐到實習結束。

因為我是大學生，而且只是無薪實習生，就算辭職，也不會像上班族辭職那樣受到打擊，當然，還有一點是因為實習合約已經簽了，所以只要稍微忍耐一下就可以了，我並沒有想過要在實習合約結束之前就先辭職。總之，最後我做到實習期滿，甚至還參加了公司為我舉辦的歡送會，我到現在還記得很清楚，我們在國會議事堂站附近吃了最後的晚餐，我因為有事還先離開了。在二十歲出頭的某個秋天，少了上班族的國會議事堂站旁的小巷格外冷清，我感覺從束縛自己的某個東西中解脫了。我還記得隨著夏天過去，寒風開始吹起的季節到來，就像滾動的落葉般，以輕盈的步伐經過那裡，但是為了治癒這段短暫而粗暴的暴力時間，我需要比這更長的時間來面對我的傷口。我仔細思索，為什麼自己沒有先離開公司，我好像只是因為不想輸而已，我不想先從對我太過苛刻的老闆那裡逃走，帶著一種「因為你是加害者，我是受害者，所以我不會先躲著你」這樣的自尊心。

我想熙延和秀英的心情應該也和當時的我差不多吧。雖然在公司裡意外地遭受職場上的折磨，但是當我們把自己當成「受害者」的瞬間，似乎就會得到某人的支援，或成為需要擺脫這個狀況的一種被動存在。雖然沒有為了積極解決問題而挺身對抗的勇氣，至少不想要屈服，因此只能選擇盡可能長久地堅持下去。但事實上公司直到熙延和秀英要求諮詢為止，都沒有主動出面提供幫助。雖然這樣的職場霸凌已經嚴重到可以直接檢舉，但實際上，如果公司抱持不合作的態度，受害者很難單打獨鬥並獲得勝利。我到現在還會害怕見到曾經實習過的那間公司的老闆，雖然只是兩個月的實習，但我受到的損失卻非常大。之後我下定決心，再也不會忍受被虐待的情況，雖然這明明是理所當然的，但也許是因為不想忍受想要學習的心受到挫敗的失望，以及自己沒有做錯任何事卻先放棄的委屈，所以對這份工作產生了一種執著。

在進行職場霸凌的相關諮詢時，常會聽見這樣的話：「雖然我們可

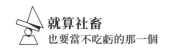

以充分瞭解這是不正當的情況，但若考慮自己的健康，直接離開這樣的公司，調整心態後到新的公司工作也是一種選擇。」擺脫職場霸凌的情況，絕不是「逃跑」，而且最好不要期待公司會給予任何幫助，因為大部分的人不太關心別人的事，雖然職場上司有問題是原因，但是對此置之不理的公司也無異於共犯，在這種情況下，公司沒有為個人發揮積極作用，反而成為以個人的犧牲作為食物，如寄生般的存在。當想法愈複雜時，只有把自己放在第一位，才能夠做出最明智的選擇。

○確實而微小的幸福

面對插在生日蛋糕上的蠟燭，我一直很好奇別人會許下什麼樣的願望，因為我好像沒有什麼可以稱之為心願的東西。我的願望就是我和我的家人、小狗、朋友和周圍的人都能幸福，大概就是這種程度吧，我認為其他人也不會有什麼太大的不同。所謂的幸福雖然很老套，但是過著「有想吃的東西就能買來吃」的生活才是平凡的幸福吧。大多數上班族都帶著對平凡日常的期待過著職場生活，我們所期望的並不是什麼了不起的事，在規定的時間內工作，其他時間與家人或朋友一起度過，這算得上是很貪心的願望嗎？

「小確幸」一詞曾經流行了一陣子，這個詞的意思是「雖然微小但確實的幸福」。看社群網站的話，在去近郊旅行、大啖美食或買到想要的東西的照片下面，就會附上小確幸的標籤（hashtag），這真是一個美好的名詞。回想起最近的幸福回憶，例如和小狗在公園散步，或和朋友們在漢江邊吃披薩喝啤酒的時候，小確幸是讓人連接到溫暖記憶的一個名詞。但實際上小確幸只不過是讓平日裡萎縮的身體和心靈稍微伸個懶腰的逃避而已，當週末休息兩天也無法緩解疲勞，到了週日下午不知為何變得憂鬱的時候，就會產生失落感。如果週末也要工作的忙碌日子一直持續下去，我們就會發現，只要錢和時間缺了其中一種，也無法盡情享受所謂的小確幸。

週休制度是為了恢復工作中積累的疲勞，保障一週中一天帶薪休假的制度，因此即使是在不工作而休息的日子，雇主也要支付薪資，這是為了保障實質性的休息。以韓國最低薪資為基準，每週工作四十小時的話，一個月可以得到約三十萬韓元（約新臺幣七千四百元）的週休津貼，如果週休不帶薪的話，就會減少三十萬韓元的薪資，因此週休制度占薪資的很大一部分。但是，每週的週休只有在下週還在職的前提下才能獲得保障。如果從週一工作到週五，那週末的其中一天就是帶薪週休日，但如果只工作到週五就辭職，當週就沒有帶薪週休日了。也就是說，週休日是為了恢復一週以來所累積的疲勞，下週再繼續工作的制度。週休制度是透過適當的保護來抑制勞工的鬥爭，因此在社會法和勞動法登場的歷史脈絡中也原封不動地包含這個制度。週休制度實際上和機器電池充電的原理相似，只是便於讓機器能在規定的時間內重新啓動而已。

臺灣週休制度為「一例一休」，《勞基法》規定勞工每七日中應有兩日之休息，一日為例假，雇主如非因天災、事變或突發事件，不得要求勞工於例假工作，於例假上班時，雇主需付雙倍工資並予以補假。一日為休息日，只要勞資雙方協調好，雇主即可要求勞工於休息日工作，雇主只需要付加班費，不需補假。因此，臺灣不像韓國另外計算週休津貼，只有在週休出勤時會另計加班費。

結果就連享受小確幸的時間，也只是以工作為中心所設計出來的結構中的一部分而已，只有利用工作剩下的零碎時間，才能實現小確幸。時至今日，卓別林將人類描寫成機械零件的默劇電影《摩登時代》（*Modern Times*）仍然寫實，當然也有人提出小確幸不過是被剝削卻只能屈服於資本主義制度的人找到的喘息機會，但是我想透過小確幸來講述我們生活得多麼勤懇誠實。我們在上班時間內，為了工作而物理性地移動身體，又為了維持與職場的關係，連心都要勞動，努力工作是基本，還要迎合職場上司，或說些無趣的笑話和強顏歡笑的情緒勞動。說是被上司罵的「挨罵錢」也包括在薪資中，這樣的自嘲沒有人會不認同吧。但如果我們不竭盡全力守住自己的位置，很可能被某人取代的危機意識便會鞭策自己，愈是工作，愈是本能地體會到只有勤懇誠實才能生存下去。

有一次在為即將退休的勞工們進行職業災害諮詢時，我差點哭了。那位勞工不但肩關節斷裂、手肘扭傷，而且頸椎和腰椎間盤突出，身體沒有一處是完好的。我不知道他是誠實勤奮地做了多少事以及工作了多久，他的身體原原本本地保留著那艱苦勞動的痕跡。他只是誠實勤懇地工作，與家人過著平凡的生活，但得到的代價卻是一個殘破的軀殼。乖乖按照公司規定的時間，上班的時候上班，休息的時候休息，如果喊一聲加班，週末也會去上班，如果有想成為千萬富翁的欲望，也許還不會覺得那麼委屈，但卻是這樣的結果。

在《工作問題》（*The Problem with Work: Feminism, Marxism, Antiwork Politics, and Postwork Imaginaries*）這本書裡，一位工會運動家曾說過：「如果辛苦的勞動真的是那麼偉大的事，那麼有錢人早就全包了。」為了賺錢而工作是理所當然的，問題是我們卻過著過於著重工作的生活，連小確幸這種樸素的夢想，都要在不用工作的時候才能享受。雖然小確幸就像我們的週休一樣，只不過是讓我們重新投入生產的工具，但我們卻將其稱之為「微小而確實的幸福」，因為在我們的生活中，工作當然是重要的課題，卻也需要透過工作以外的事來獲得成長和感受快樂。如果不希望自己的時間只被工作占據，就要瞭解基本的勞動法規，瞭解作為一個勞工所應受到保護的權利，只有這樣才能成為自己時間的主人。不是讓人生的幸福存在於工作，而是讓工作成為幸福的一部分。

○傾斜的運動場

想必大家並不是在第一次聽到「失敗為成功之母」時，就覺得這句話只是謊言而已。我原本也相信即使摔倒，只要堅強地站起來，總有一天就會克服失敗，順利取得成功，但是在放棄第一份工作後，在不安中掙扎時，我很確定失敗絕對不是成功之母。我想著「如果我做著不怎麼樣的工作，那我就不可能東山再起了，因此這次無論如何，我都要通過勞務士的考試。」這句話像咒語般被我每天默唸著，焦慮成為了鞭子，在我的心上留下深深的自我厭惡。與其說是心病，我所苦惱和期望的只是平凡年輕人面對的現實情況而已。

在韓國社會，一旦失敗了，通常就不會再有重新站起來的機會。亞洲金融風暴之後，韓國為了克服這個危機，解僱了工人，開始濫用非正式員工。他們說如果經濟恢復，勞動市場就會重新回到原位，即使暫時成為非正式員工，也只不過是當上正式員工的過程，就這樣以甜蜜的謊言大量「製造」了這些非正式員工。一旦成為非正式員工，就永遠無法擺脫那個位置。非正式員工沒有機會，且他們的經歷對以後想獲得更好的工作也沒有幫助。看著這樣的現實長大的年輕人已經知道，一次的失敗可能會影響自己的整個人生，不曉得是不是因為這個原因，讓我們從青少年時期開始，就默默地接受像命運般無止境的競爭。

但是，尋找好工作的競爭其實並不平等，畢業於好大學，能夠找到好工作的人，大部分都擁有穩定的環境，並且來自能夠享受各種機會的富足家庭。電視劇《天空之城》（*Sky Castle*）即講述為了成為上流階級而執著於子女教育和入學考試的家庭面貌。但即使知道入學考試的重要性，卻不是所有人都執著於此，不，應該說「無法執著」。劇中的主要人物藝瑞在「天空之城」這個富裕的環境中，以家中父母出色的情報力和財力為基礎，接受了最好的教育，但像藝瑞的父母一樣，擁有良好職業和人脈，能夠接觸到有利於大學入學考試資訊的人很少。因此，像醫生世家通常會不斷讓後代也成為醫生，來強化他們的機會和特權。

《二十vs.八十的社會》(*Dream Hoarders: How the American Upper Middle Class Is Leaving Everyone Else in the Dust, Why That Is a Problem, and What to Do About It*)這本書的作者理查．里夫斯（Richard Reeves）將這種現象稱之為「機會囤積」（opportunity hoarding），也就是說，在勞動市場成功所需發展的能力，實際上依照不同的成長環境，獲取這些能力的機會並不平等。衡量一個人的社會經濟階級受父母所屬階級影響的概念，在經濟學上被稱為「跨代所得彈性」（Intergenerational Income Elasticity, IGE），愈難以擺脫父母所屬的階級，彈性就愈高。根據跨代所得彈性的概念，父母的社經階級會成為子女的絆腳石，假如階級由高到低劃分為一到十，父母的階級是第九級，那麼即使子女有到第一級的成功能力，由於被父母絆住，只能停留在第四級。相反地，如果父母的階級是第一級，那麼即使子女只有第五級左右的能力，也可以因為父母的幫助爬升到第三級。

依靠父母而改變的能力發展機會是「排除」的另一種說法。從一開始就根本無法接觸到機會的人其實更多，社會階級不能說是單靠個人努力所獲得之能力的結果，依照能力獲得公平機會的錯覺，只是把特權正當化而已。實際上在這個不公正也不平等的社會裡，想靠自己培養能力並取得成功是很難實現的夢想，而夢想著這種事的我們也健康不起來。

不平等的社會結構過於龐大，想要在這樣的結構中成為例外的人展開了激烈的生存鬥爭。若想要在傾斜的運動場上進行勝算極低的戰鬥，就必須讓自己變得更加強大、更加狠毒，為了不失去屬於自己的那一份，不斷地與他人比較和競爭。愈是不安，就愈不會對他人有利他之心，只會想著自己要如何生存下去，此時所謂的共同體便不復存在，因為我們將會變得無法體諒隊友的失誤，也不能等待他們適應。在不平等的社會中受到的痛苦會成為傷害彼此的刀刃，而我們也將成為互相折磨的加害者和被害者。

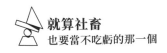

在某個媒體的訪談中，曾經被問到職場霸凌的原因，雖然我沒能夠用整理好的句子流暢地回答，但腦中浮現了平常對不平等社會的苦惱。當然，造成職場霸凌的原因可能有很多，但我認為這是因為我們必須拚命守護的東西愈來愈多。要竭盡全力守住自己的位置，如果失去這個位置就再也沒有機會的迫切感，藉由對同事的尖銳態度和扭曲的補償心理表現出來，造成彼此的痛苦。大多數出生在普通家庭平凡的我們，為了不失去任何一次機會而一直處於不安之中。

雖然透過懲戒加害者可以讓大家對職場霸凌提高警惕，但在沒有職場霸凌的世界裡，從個人身上尋找職場霸凌的原因是不夠的。若是即使沒遇見富裕的父母，不是畢業於名門大學，不在大企業工作，也能過上不錯的生活，那麼競爭和不安才有可能大幅減少。真正放鬆的態度，只有在所有人都能過上好日子的時候，才有可能發生。

◯踏實工作最後卻死了

我負責的第一個職業災害案件，是一位水族館的工作人員因為意外在水中溺斃。

從一開始負責這個職災死亡案件後，我想起了實習期間記錄的自殺職災案件。在那些全都於紙張上方打洞後用繩子綁起來的紀錄之中，有部分用夾子夾住紙張右側而無法翻頁，因為翻閱紙張的習慣，我不自覺地伸手想拿掉夾子，在那瞬間，文件標題「現場調查報告」卻吸引住我，我的手停了下來。我的直覺告訴我這是不該看的文件，裡面的東西可能會在腦中留下長久都難以忘記的殘影。果然直覺是對的，這份報告書裡完完整整地記錄了死者最初被發現時的現場照片。就像每個人所處的情況都不一樣，死者一定也有不得不選擇死亡的處境。負責這種案件的勞務士，必須重新拼湊該勞工自殺前的幾個月或幾年的時間，要觀察當事人的精神病歷、心理變化、誘發精神壓力的條件、加重壓力的因素以及其他特殊事項等。這並不是件容易的事，要被認定為職業災害也不容易，而近距離觀察某個人的死亡這種事，光是想像就已經讓人心情沉重。

健康又年輕的人在工作時間內發生的事故中喪生，雖然乍聽之下會認為是明確的職災案件，但仔細一看，也存在一些模糊的討論空間。

第一個討論焦點是該勞工的死亡時間是他可以自由放鬆的休息時間，或是雖然沒有實際工作，但已經開始準備投入工作的等待時間。休息時間是勞工可以自由使用的時間，因此事故和業務的關聯性會降低；相反地，如果是待機時間，隨時都要開始工作，和業務的關聯性就會提高。第二個討論焦點是造成事故原因的行為是私人行為還是和工作業務相關的行動。工作時去上洗手間或吃午餐本身雖然不屬於業務範疇，但因為是在工作時間中理所當然會發生的行為，所以去洗手間或吃午飯時摔倒也被認定為職業災害。此外，在休息時間做伸展運動發生事故，如果可以被看作是準備工作的行動，那麼就能被認可與工作業務有關聯性。我負責的死亡事件同時具有這兩個爭論點，是休息時間進行私人行為而死亡，還是待機時間進行業務相關行為而死亡，還有待商榷。

一般在進行案件釐清時，如果想要拿到必要的資料或確認事實關係，最快也最準確的方法莫過於詢問當事人，但是職業災害死亡案件的當事人已經不在了，無奈之下，我只能詢問死者家屬。雖然我努力不要在工作上參雜個人情緒，但我實在很難做到親自打電話給白髮人送黑髮人的當事人父母，具體詢問事故發生原委。儘管我把這件事擺到待辦事項的最後，先處理其他事情，但也不能繼續猶豫下去，我只能打起精神，按下號碼打了電話。

之後連遺屬撫卹金的申請準備都完成了，只剩等待勞動部的判定出爐，但某天卻突然接到通報說要召開判定委員會。勞動法規規定，如果是在工作過程中發生事故而申請職業災害的話，勞動部會自行判定；相反地，如果在工作中患上疾病，則由業務上的疾病判定委員會審議後進行判定。該事件是因執行業務上的事故而死亡的案件，卻突然說要召開判定委員會。此時的我與其說是驚訝，不如說是太生氣了，因為突發事故而死亡的人連一次喊痛的機會都沒有，如果知道這件事，他該覺得多委屈啊。

臺灣對於職業災害的認定分為因工作中發生的事故而造成的「職業傷害」，以及長期執行職務所導致的「職業病」。無論是職業傷害或職業病，都需要勞工所進行的勞務活動和損害結果具有明確的因果關係。尤其是職業病，需要請醫生開立職業疾病診斷書，而勞動部職業安全衛生署也制訂了職業病認定參考指引作為依據。若勞雇雙方對診斷內容有爭執，可先向各縣市政府的職業疾病認定委員會申請鑑定，若仍有爭議再向勞動部的職業疾病認定委員會申請鑑定。

根據勞動部的立場，認為這起事故是由於心臟麻痺之後因腦部損傷而死亡，因此將心臟麻痺視為業務上的疾病，召開判定委員會。最後我還是參加了判定委員會，並在現場用激昂的聲音對他們說：「任何人都有可能在任何時候抽筋，但卻不會因此而死。就像抽筋這種情況，身體出現了異常症狀，偏偏當事者是在水中工作的人，所以水中這個工作環境特性才是導致死亡的關鍵，因此該事件不屬於判定委員會的審議對象。」

他們接受了我的意見，隔天勞動部表示決定不在判定委員會進行審議，他們會於內部重新審議後再與我聯絡。一週之後勞動部來電，我看了一下手機上的區域號碼，知道是勞動部，我深呼吸了一口氣後接起電話，他們說這個案件被認定為職業災害。我當時覺得真是太好了，本來就應該這樣，只是因為存在爭議部分才不得不擔心。

但我並沒有因此感到非常高興，因為通常在職業災害案件中，我們稱呼勞工時會使用「死者」或「災害者」的表達方式，但這次我卻使用了「該案件的勞工」，因為我不想直接公然寫出已經受傷而生病的人或因受傷而死去的人。遺屬們可能會看到我寫的書面資料，每當看到死者一詞時，該會有多傷心呢？父母從子女出生到成長的每個瞬間都曾經感到幸福和喜悅，他們現在應該也還記得那個瞬間吧，所以我不想要像其他資料，留下彷彿認證當事人比父母先成為死者那樣的話語。但是職業災害竟然順利被批准了，我在那個瞬間才真的感受到該送他離開了，此時才是真正的離別。

雖然沒有不令人遺憾的死亡，但是接到被認定為職業災害的通知後，卻讓人感到更加悲傷了，當事人不是因為什麼，只是像平常一樣工作，但是卻死了。他不是為了享受什麼榮華富貴，也不是在悠閒玩樂，他只是認真工作而已。他工作到命都沒有了，卻沒有留下最後一句話，也沒能發出一聲疼痛的喊叫，沒有比瞬間到來的死亡還要更為殘酷的事了。負責勞工案件的時候，我總以為贏了就好，但這件事卻讓我的心情很複雜，當然以對在工作中受傷、生病或死亡的補償來看，職業災害能夠順利得到批准當然是好事，但一方面也讓人惋惜為什麼當事人會在工作中死亡。

我無法理解那種當親近的人死去，或者原本存在的人消失了的情況。雖然不知道死亡是什麼，但是我知道死亡會讓一切都消失得無影無蹤，「離別是新的相遇」、「結束是新的開始」這種話在死亡面前行不通，死就是死了。因此我們要盡全力預防死亡，《重大災害企業處罰法》就是對沒有預防職業災害發生的企業追究責任的法律。讓未能預

臺灣與職業災害較相關的法律主要為《職業安全衛生法》，勞動部並於二〇二二年七月二十七日修正發布「違反職業安全衛生法及勞動檢查法案件處理要點」，針對一定規模事業單位、違反法令情節及重複違反情形等提高罰鍰額度，嚴懲未盡預防職災之責的企業。

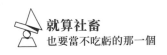

防死亡的罪、逃避死亡責任的罪都能得到嚴正地處理，我衷心希望不要有人在工作中死去。我們是為了吃好住好而工作，因此我希望大家認真工作後都能過上好日子。現在到了真的該送走這位當事人的時候了。

第二章

現在仍令人羞愧的社會

아직은 부끄러운 사회

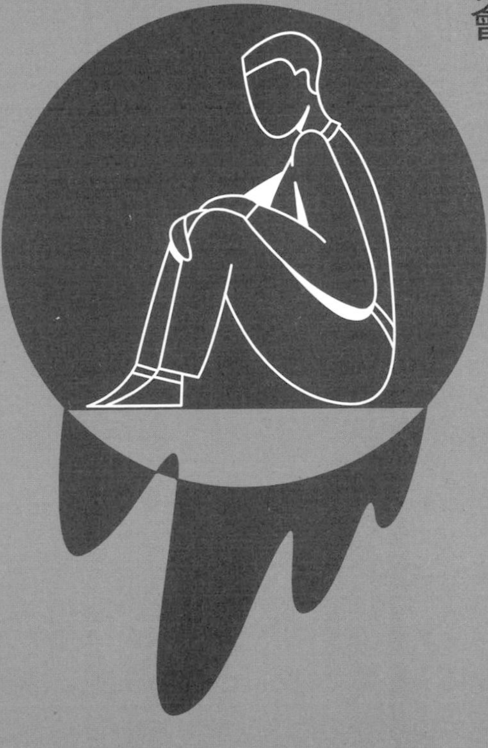

◯職場霸凌

二〇一八年，韓國某銀行聲稱要強化新進員工的心態，在新人訓練時行軍般地走了一百公里而引發爭議。據說這樣的行軍持續了兩天兩夜，在此過程中，甚至還發放了避孕藥給女職員們。這並不是第一次，之前就聽說有的企業將新進員工派到海軍陸戰隊訓練營，也有些企業讓新進員工去登山，不曉得他們為什麼會覺得應該要以這種方式來鍛鍊新進員工的精神呢？難道是想誇飾若今後想在公司裡撐下去，會需要將精神武裝到這種程度嗎？像這種不知道是就職還是入伍的新進人員訓練在韓國企業中並不少見。

二〇一四年，大韓航空副社長趙顯娥以客艙空服人員的服務有問題為由，為了將座艙長趕下飛機而強迫飛機返航，這就是著名的「堅果門」。在此事件之後，趙顯娥副社長因涉嫌違反《航空安全法》的飛機航線變更罪、妨礙飛機安全航行暴力罪、《刑法》上的強迫罪和妨礙公務執行罪等被拘留調查，雖然部分被認定為有罪，但因緩刑而被釋放。之後在二〇一八年，趙顯娥的妹妹兼大韓航空專務董事趙顯玟的「潑水門」事件又再度掀起話題。趙顯玟在會議上將裝有飲料的杯子往廣告代理公司的職員臉上扔過去。在韓國《刑法》上，往臉上潑水的行為可能屬於暴力，而使用工具時則屬於特殊暴力，但暴力罪是告訴乃論，也就是說，如果受害者表示不希望處罰加害者，就不能處罰趙顯玟。最終由於受害者沒有處罰趙顯玟的意願，因此這個案件以無嫌疑告一段落。

近年來韓國社會因為各種霸凌問題，幾乎可說是毫無寧日。二〇一七年翰林大學聖心醫院在舉辦年末活動時，要求護士們進行煽情的才藝表演而在社會上引發話題。當時我和在國營企業上班的朋友一起看翰林大學聖心醫院的相關報導，我看著報導大罵，但那位朋友卻冷嘲熱諷地說：「妳以為像那樣的地方只有一兩個而已嗎？」並且他補充說自己有一首最討厭的歌曲，直到現在聽見那首歌都還會覺得很丟臉，想要躲起來。那位朋友任職的電視臺製作了偶像選秀節目，節目的主題曲是一首歌詞和節奏都不斷反復而充滿中毒性的歌曲。曾是新進員工的朋友被強迫聽了數十遍這首歌，還要在主管面前練習跳舞。同時期進公司的新進員工們被剝奪了選擇權，下班後必須聚在一起練習舞蹈，最後在管理階層面前笑著搖擺身體之後，才終於停止舞蹈練習。跳舞這件事原本是精神和身體動起來去做的事，但朋友的精神和身體已經不是自己的了。儘管這件事對他來說是如同噩夢般的一段時間，但管理者們卻可以看到新進員工多麼聽話，多麼忠誠於公司，並因此感到非常欣慰。強迫新進員工做才藝表演，就像是一場馴服他們完全服從公司的慶祝儀式。

二〇一六年起，韓國國會搬出了各種禁止霸凌的法案，其實首次禁止霸凌的法律是在二〇一三年提出的，但當時並沒有得到太多關注，在該屆國會議員任期結束的同時，提出的法案也被廢除了。然而「堅果門」事件促使「霸凌」一詞被社會普遍地使用，多位國會議員也提出了《勞動基準法》、《產業安全保健法》修訂案，甚至還提出了特別法形態的法律，很可惜每次法案都未能順利通過，直到霸凌界的最強挑戰者出現。

二〇一八年十月，韓國「最惡劣的權勢霸凌者」梁振浩被公諸於世。身為韓國未來科技董事長的梁振浩被媒體公開了他打職員耳光的影片，但事情並沒有就此結束。除了打耳光之外，他甚至還要求職員用弓箭射殺活雞或用刀割雞，並下達奇怪的指示，要求職員們像自己一樣把頭髮染成五顏六色。而影片之所以會被媒體公開，是因為梁振浩要求周圍的人拍下自己的行為。一開始覺得很奇怪，他為什麼要像傻瓜一樣用影片將這些醜惡的事蹟留下紀錄，但聽聞理由之後，立刻起雞皮疙瘩。梁振浩用奇特的方法折磨員工，並且拍下影片後再播出來看，他是真心享受著自己的這些行為。儘管對於職員來說，這根本就是被剝奪尊嚴，充滿恥辱的記憶，但對梁振浩來說，卻是他值得回味的紀念品。

一週之後，梁振浩被銬上手銬，但關於他的報導直到三個月後才平靜下來。這段期間，韓國迅速制定了《禁止職場霸凌法》。原本在國會重新修改法律時，首先要經過處理相關法案的常務委員會同意，提交法制司法委員會修改條文或研究是否與其他法律發生衝突，並審議是否符合法律，並且最後要在由全體國會議員組成的全體會議上通過，這條法律才能正式誕生。《禁止職場霸凌法》事實上在二〇一八年九月已經在環境勞動委員會上全票通過，但卻在法制司法委員會被擱置了兩個月以上，理由是「職場霸凌」的定義太過模糊。

這個觀點是正確的。職場霸凌的定義模糊，當然應該要模糊。梁振浩案件是由於依靠權勢的霸凌行為過度奇特和殘忍，因而引起媒體的關注，後來才得以用各種罪名讓他接受調查。實際上任何人都可能成為職場霸凌的受害者，只是不容易暴露出來而已。雖然也有像罵人或打人這種明確的情況，但是像梁振浩一樣，對於強迫職員喝酒或染髮這類的事，在社會上被單純地認為「要想過好職場生活，就要忍受到這種程度」的防禦性認知所洗腦也是事實。此外，職場霸凌的標準因人而異，有些人相信只有一起喝酒才能建立深厚的關係，而有些人則不太習慣喝酒或借酒勁做出什麼行為的關係。像這樣根據個人價值觀的不同，是否能將特定行為視為職場霸凌的模糊性，與人類世界存在多樣性一樣都是理所當然的。

儘管法制司法委員會通過了《禁止職場霸凌法》，梁振浩一案對這條法律所帶來的影響更大，因為大家發現，幾乎沒有可以處罰梁振浩這種以奇特方式進行權勢霸凌的法律，他的行為充其量只適用了暴力罪和違反《動物保護法》而已，對公司員工的強迫、侮辱和威脅等，韓國

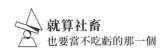

現行法律並沒有辦法處理。二〇一八年年底，《禁止職場霸凌法》被稱為「梁振浩防止法」，順利通過法制司法委員會和全體會議，並從二〇一九年七月十六日正式開始實施。因為魔王級的權勢霸凌出現後，制定了阻止擁有權勢的甲方失控的法律，韓國成為亞洲第一個用法律禁止職場霸凌，這樣既羞愧又有點自豪的國家。

臺灣目前並沒有專門為職場霸凌設立的法規，關於職場霸凌的條例《民法》或《職業安全衛生法》都有提及，如果遭受職場霸凌該如何申訴可以參考附錄第二四八頁。

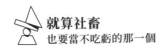

○工作合約

在製造業工作的尚敏由於無法忍受同事和上司的霸凌與粗暴的態度，在進入公司三個月後便辭職了。由於在這種以輸送帶來運轉的工廠裡，只要發生一點小失誤就可能會引發重大事故，因此工廠對待員工非常嚴格，尤其是為了讓新進員工在工作時間不要分心，管理者用辱罵或威脅的方式來要求他們專心。尚敏對此感到很擔心，儘管他認為這是任何人都必須經歷的過程，但面對每次說話都像在罵人的同事，他只覺得自己不想成為那樣的人，因此決定辭職。後來尚敏刻意找了辦公室的內勤工作，雖然還有點茫然，但他認為做內勤工作的人應該會比較斯文，尤其是待在從事專業工作的地方，他想著應該不會遇到太誇張的事，因此他就這樣學習了法律相關事務後，開始到律師事務所上班。

第一天上班時，作為律師事務所，代表律師要求與他簽訂工作合約，尚敏安心地想著：「這裡和沒有簽訂工作合約、下班時間也尷尬模糊的前公司不同，果然律師事務所很遵守法律啊。」但是當他開始確認工作合約內容，忽然覺得一切都很荒唐。明明招聘公告上寫著徵求正式員工，但工作合約上卻寫是三個月的短期契約工，而且薪資也比公告上寫的要低得多。尚敏雖然可以到離家近、薪水更高的地方工作，但是為了想在這裡穩定地工作，並累積法律事務經驗，所以拒絕了對方。他清楚記得招聘公告上記載的各項勞動條件，但他卻不敢提出任何質疑。因為他知道自己必須簽下這份工作合約，因此連在事務所老闆面前唸出合約內容時也都在看老闆臉色，雖然他覺得很好奇也很不安，但卻什麼也沒問，就在工作合約上簽了名。

對事務所老闆來說，完全沒有任何損失。如果尚敏是不知道招聘公告和工作合約的內容不同而簽名，就可以怪他沒有仔細確認內容，而若是尚敏明知內容不同還簽名，就代表他願意接受被修改的勞動條件，因此事務所老闆即使隨心所欲地改變勞動條件，尚敏也無法說什麼。相反地，求職的尚敏卻感到很無力，他明知道內容有誤，卻還是要努力控制自己的表情，他擔心如果對工作合約提出質疑，會連這個工作也保不住，所以只能按照事務所老闆的要求乖乖簽下這個工作合約。

求職的時候，有多少人會仔細閱讀雇主提出的工作合約呢？幾乎大部分的人在現場翻閱合約時，因為擔心雇主會認為求職者不相信雇主，反而更容易變成檢討自己，而且比起透過合約來規定日後的勞動條件，求職者更著重於看雇主的臉色。剛入職的員工是最容易馴服的，因為他們正抱著一顆要好好上班的善良的心，比任何人都容易乖乖聽話，而這個案件裡的尚敏也是只想好好上班而已。之後，事務所老闆就像第一次說要簽訂工作合約時一樣，又拿了寫著更低薪資的工作合約，要尚敏親自簽名。尚敏雖然覺得有點奇怪，卻無法用自己的力量改變這種狀況，而這份無力感強化了老闆的權力。

某一次，尚敏在與事務所老闆發生細微的意見衝突之後，立即被解僱了。那個連自己薪資被調降時都不敢吭一聲的尚敏，還想著是不是自己詢問老闆的意見時讓他不高興了？當尚敏被公司辭退之後，他才終於意識到實際上自己沒有必要為了成為「公司的人」，也沒有理由為了討好根本就不太瞭解的老闆，就接受毫無理由地連續兩次調降他用來維持生計的薪資。當然，如果懷著愛公司的心而努力和上司與同事建立良好的關係是令人高興的，但是沒有必要犧牲個人的時間為公司加班，也沒必要為了迎合上司而勉強自己唱歌，或是為了和上司增進情誼而硬灌酒傷害自己的健康。這麼做，最終也只會成為把公司看成和自己一樣重要的人而已。

拒絕成為這種人的尚敏來到警察局，申訴了用虛假招聘公告的事務所老闆違反了《就業保障法》，他每次新簽訂的工作合約，在此時都成了證據。就像律師事務所老闆為了讓尚敏自己同意削減薪資而利用了工作合約的形式一樣，現在合約反而成了扭轉情況的武器。

在電話那一頭的尚敏說：「我剛才去報警了，現在正從警察局走出來。」他憤怒的聲音，聽起來就像是要擺脫馴服的宣言。

在臺灣，雇主若刊登不實徵才公告會違反《就業服務法》，可處三十萬元到一百五十萬元的罰緩。

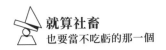

◯監視器

這是在連職場霸凌這種概念都還沒有出現的二〇〇五年所發生的事。曾是製造業公司的H企業在公司裡新安裝了十六臺監視器，集中拍攝某一條生產線，而在那條生產線上工作的人全都是加入工會的工會成員。公司為了監視工會成員，故意將他們安排在那一條生產線上，並且一整天都在拍攝他們的一舉一動。拍攝下來的影片可以即時確認，也能夠隨時回放，就像電影《楚門的世界》(*The Truman Show*) 裡的主角楚門一樣，不知道是誰、會在什麼時候、在哪裡看著自己，這種感覺非常恐怖。雖然工會成員們為了小心自己的行動舉止而費盡心思，但面對看不見的敵人，這根本是一場勝負已定的鬥爭，公司就像全知全能的神一樣，可以用監視器關注一切，什麼都能拿來找麻煩。

照理說，監視器只能安裝在公開場所用以預防犯罪、安全事故以及交通管制等。現在的社會氛圍非常容易使用監視器，有些人為了看寵物而在自己家中安裝監視器，但因為監視器有可能侵犯個人的私生活、個人情報和肖像權，因此根據《個人資訊保護法》，只有在某些限制下的情況才允許安裝。所以監視器實際上只能在最低限度範圍內被允許使用，並且設置監視器的地方都必須裝上記錄該監視器設置的目的、地點、拍攝範圍和時間與管理者的姓名和聯絡方式等的指示牌。這是為了事先向可能因監視器而受到權利侵害的第三者告知訊息，以免濫用監視器而採取的措施。因此，即使公司要安裝監視器，也必須以預防竊盜或火災等犯罪和安全事故為目的安裝，超出這些目的而使用監視器是違法的行為。

實際上除了H企業，還有很多企業都以畸形的方式來試圖壓制他們不滿意的勞工。例如，在公家機關負責提供民眾服務的在延就受到上司的監視。一般民眾服務室的監視器都會照著民眾服務室的桌子，因為勞工和民眾會面對面隔著桌子遞交文件或收取手續費，這是為了防止處理過程可能發生的問題，但不知從何時開始，在延覺得自己附近的監視器角度似乎被調整了。雖然他很想確認，但因為是包含他人資訊的監視器內容，所以無法輕易調閱，如果向公司表示自己要看監視器內容，那公司一定會覺得很奇怪。但在不久之後，在延得知了監視器並不是照著自己的桌子，而是照著自己的後腦勺。

不久前，在延和上司發生了一點衝突，使兩人的關係急速冷卻，也就是從那天開始，在延感覺到監視器的角度變了，而上司開始會隨時指責他的工作態度。由於上司的指責過於具體，甚至說出在延坐著迎接民眾或偷看手機確認簡訊的事，讓在延更加確信地說道：「我不需要確認監視器在拍哪裡，但我可以確定上司調整了監視器的角度。」原本是為了預防安全事故而設置的監視器開始用於監視勞工，監視器成了上司支配非正常欲望

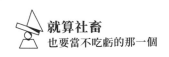

的工具。上司可以透過監視器在看不見的地方監視在延，擁有瞭解在延一切的權力，而在延卻必須擔憂隨時都有人在監控自己的一切。

從利用監視器來監視勞工這個案例來看，這不僅是單純的監視，而是透過監視的結果來抓住把柄用以懲戒勞工的一種身分上的威脅。員工從上班到下班，不可能像機器人一樣只按照指示工作。在延因為胃不舒服，常會去上洗手間，並且為了不空腹吃藥，有時候會躲在角落吃麵包，這些行為都成了把柄。人不可能十全十美，而當一個員工成為了目標，被找到可以追究責任的畫面只是時間早晚的問題。更重要的是，不管手上握有什麼影片，只要繼續觀看監視器，隨便都就能找出懲戒的理由。

被監視的恐懼和對懲戒的壓力讓員工們生病了，那些處於必須抹去自己才能結束的鬥爭中的員工們甚至到了神經衰弱的地步。我前面提到的H企業工會全體成員，開始集體罹患精神上的疾病，有憂鬱症也有適應障礙。後來工會成員們經過訴訟，因公司的監視而發病的精神疾病最終順利被認定為職業災害。此外，非法取得的資料也不得在法庭上作為證據使用。為了抓住員工把柄而擷取的監視器影片對作為支持H企業「懲戒正當」這一主張的證據喪失了能力。法院透過判決表示：「考量H企業透過裝設監視器來監視和控制員工，並且把工會成員單獨安排在一條特定的生產線等手段，原告因為公司這些行為而承受相當大的精神壓力。」法院做出了正確的判決。

在判決出爐十多年後的今天，我們仍會看到以惡意利用監視器來監視員工作為職場霸凌手段的案例。而在十多年後的今天，以監視器來監控員工仍然是違法的。如果在延因此得了精神疾病，那麼公司將無可避免地承擔民事和刑事責任，我想問問在延的上司，他是想把H企業的案例當作負面教材，還是想要親身模仿犯罪呢？

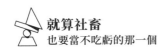

○特休

在公車上無意中聽到了車上播放的廣播，主持人問：「年底的時候什麼東西最多？」主持人選讀了聽眾發來的訊息中最有感覺也最能引起共鳴的內容，第一個答案即是「年底剩下了很多特休，很棒」，主持人以「這一整年來都不休息，努力工作，希望年底的時候可以把剩下的特休全部用掉，好好休息」的臺詞結束了這段環節。我想發訊息來的聽眾可能是在一間很不錯的公司上班，因為對大部分勞工來說，特休都只是「畫餅充飢」的存在而已。

特休是《勞基法》規定的，韓國法律規定，如果連續工作一年以上的勞工（且在這一年內上班日數達百分之八十以上），將能夠獲得十五天的特休，工作時間不滿一年的勞工，如果做滿一個月，每個月都會獲得一天的特休。雖然沒辦法和可以休息一個月以上的歐洲國家相比，但是在以工作為生活中心的韓國，一個月可以擁有一天以上的特休是非常美好的事情。然而真正得到特休保障，順利使用特休的上班族似乎並不多。

關於臺灣特休規定請參考附錄第二一一頁。

對於上班族善浩來說，加班和週末工作是家常便飯，從一大早上班，到深夜才下班，每天在公司待十二個小時以上。因為他從事的是接待客戶的工作，午餐時間最長也只有三十分鐘，就連熱騰騰的食物也要一口氣吃光，還沒消化就要回到辦公室工作。善浩有慢性疲勞和慢性胃炎，他的同事們處境也和他差不多，但公司卻認為加班是理所當然的，大家也都乖乖地忍受了長時間的工作。

有一天，善浩的身體不太舒服，覺得自己可能沒辦法上班，雖然他隱約想起了應該有所謂的特休，但是他在公司從來沒有使用過，也沒看過任何人用過特休。果不其然，在他的詢問之下，上司告訴他「我們公司沒有特休」，並且表現出對他不太滿意的反應。善浩為了證明自己真的生病，不得不特地跑一趟醫院開了張診斷書，還因此多付了一些錢，但一想到回到崗位上後要看上司的臉色，心裡就很不舒服。公司把員工的過度疲勞日常化，一點一滴地啃蝕了員工們的健康，但是當善浩生病的時候，上司卻責備他連自己的身體都照顧不好，給公司帶來麻煩。善浩就這樣被上司折磨，而且成為殺雞儆猴的對象，「我們公司沒有特休」這個禁忌變得更加強烈。

韓國社會對「休息」這件事非常嚴格。當然，急著努力想要比別人更快成長可能是為了在競爭社會生存而不得不採取的策略，但是為了公司過度犧牲個人的事情卻發生得太過頻繁。在公司待到多晚，成為衡量有多熱愛公司和對公司忠誠度的標準，而長時間的工作或加班也被包裝成是積極的態度，這種認為「長時間工作是對公司奉獻」的老舊想法成為禁止員工使用特休的職場霸凌。但是當長期加班導致體力透支而生病的善浩，看著公司不讓他使用特休的態度，終於產生了「原來我就這樣被公司用完就拋棄了」的想法。

事實上，就算不是像善浩一樣身體不舒服，我們也應該隨時都可以因為需要休息而使用特休，但職場上卻時常出現不能使用特休的各種案例。譬如明明已經預訂好夏季休假的機票和住宿，結果為了配合公司臨時變更的日程，只能自己默默把夏季休假取消；又或者是休完產假和育嬰假之後回來卻沒有自己的位置了；以及就算已經請了特休，卻還是得隨時和公司聯絡處理業務。對那些思想老舊的人而言，把該休的假都休掉的人對工作不夠投入，沒有資格成為公司的職員，因此造就了看得見卻用不著的特休制度。

那些對犧牲個人休假為公司奮鬥這種事不以為然而盡情使用休假的員工，公司把他們視為不勤奮的員工，有時候甚至將員工行使休假的權利視為對公司的挑戰。最後，員工只能在沒有休假的情況下過度疲勞、請假後忍受公司的敵視或被公司用過後拋棄這三者中，做出一個比較沒那麼不幸的選擇。

現在把公司看得比自己還重要的想法已經是落伍的思考方式了，根據林洪澤（音譯，**Im Hong-t'aek**）《八年級生來了》(90 년생이 온다）這本書的內容顯示，八年級生認為「請特休是我的自由，不需要向公司報備休假理由」，這是從沒體會過一輩子只在一家公司上班的這一代理所當然的想法。這一輩子，我們會換很多次工作，因此沒必要再把公司看得和自己一樣重要，也不需要優先考慮公司的利益。儘管如此，韓國仍然是經濟合作暨發展組織（OECD）國家中工時最長的國家，比其他OECD國家的平均勞動時間每年多了約三百個小時。不知道我們

是不是存在第十三個月才能這樣。比起公司，自己更重要；比起工作，休息更重要，到底平衡點在哪裡呢？什麼時候我們所有人都能夠重視自己勝過公司，重視休息勝過工作呢？

◯失業補助

「常常加班，卻從來沒拿到加班費，所以才想辭職，但這樣能拿到失業補助嗎？」

「因為生病而請特休，結果公司卻找到了代替我的人，這樣辭職的話可以獲得失業補助嗎？」

雖然目前為止還沒有按照類型統計過勞工諮詢的數量，但大致上看來，關於失業補助的諮詢最多，因為如果不是下定決心留在公司解決問題的話，就只剩下辭職一途了。但接受愈多這類型的諮詢，就愈感覺到大家所處的根本就不是個普通的世界，勞工們幾乎都是在公司經歷各種事情之後，在各種原因之下不得不選擇辭職。雖然一般人都是依靠公司的薪水維生，但是當勞工認為不再忍受在公司受到的壓力比維持生計更有價值時，他們才選擇辭職來擺脫這種沉重的壓力，但還沒來得及鬆一口氣，勞工們卻已經必須開始思考如何維持日後的生活了。勞工就是這樣，因為公司已經讓人待不下去而選擇辭職，但卻又要趕快再找到下一間公司，鑽進新的束縛中掙扎著生活。

而這個時候，失業補助就產生了能夠調節速度的潤滑油作用，例如在準備跳槽或學習新東西的期間，可以利用失業補助來維持生計以爭取時間。在終身職場神話已經不再的韓國社會，如果不是大企業、國營企業、公務員或是專門技術職業，那麼跳槽並不是什麼奇怪的事，現在有很多人都想瞭解失業補助，並且申請失業補助的人之後還會繼續增加。

實際上在韓國，我們熟知的「失業補助」，它的正確名稱叫做「求職補助」。從求職補助這個名稱中也可以看出，這個補助是給為了尋找新工作而積極進行求職活動的人，而不是那些無緣無故就離職的人。例如，生病之後無法繼續工作、在公司遭受暴力、因公司經營方針等原因被勸說辭職等不得已辭職的情況下，才能獲得求職補助。辭職誰都會先想到失業補助，但申請的門檻實在太高了。

看是要承受壓力，還是要面對生計問題，在兩者中必須選擇一個的困難狀況面前，勞工面臨的世界就像個封閉的空間。韓國社會在給「個人」的機會上很吝嗇，求職補助制度本身也被設計得非常不人性化。在工作中受傷，即使想暫時休息一下讓自己恢復，只要一提交辭呈辭職，就不能領取求職補助了。只有在與個人的自由意志無關，無可奈何被辭退的情況下才能得到求職補助。雖然要進公司或辭職離開是自由的，但因為沒有保證辭職後的這段時間能獲得社會保障，因此造成了「公司內是戰場，公司外是地獄」這種情況的延續，也使得勞工對於在公司經歷的不公只能睜一隻眼閉一隻眼，在一面消除自己所受傷痛的同時，也戰戰兢兢地擔心會失去工作。

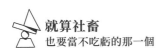

只有在勞工不怕辭職的時候，健康的社會樣貌才有可能實現。就像談戀愛的時候，若是把全部精力都投入到對方身上就會產生矛盾一樣，公司和勞工也必須是互相需要才能維持健康的關係，如果公司對自己不好，那麼就應該果斷地離開公司。

社會福利制度的代表性國家瑞典是勞動和資本共存的美麗國家。在此之前，瑞典把透過勞動來獲得安定或擁有基本的社會安全網作為首要課題，隨著工會運動和社會福利國家運動興起，讓工會成長，而這個福利國家也變得年輕化。正因如此，瑞典人並不害怕「解僱」和「辭職」，因為失業保險制度完善，即使失去工作，也不會立即影響到生活。瑞典不僅失業補助的領取期限長，收入替代率也達到百分之八十。此外，瑞典也與韓國一樣，不論辭職理由而對所有失去工作的勞工提供失業補助。因此，像遇見職場霸凌等非常規的問題時，勞工不需要擔心生計問題，可以選擇保護自己而離開公司。

雖然現在對於社會福利國家仍然有很多爭議，但我一想到這種社會福利國家，就會想到「自信」，辭職也沒關係、沒有成長也沒關係、沒有成就也沒關係的這種自信即源於支撐真實自己的社會環境。在所有人都以快速的節奏競爭並生存的韓國社會，就算只是暫時停下來，也會帶給人挫敗感，但總是必須不斷向前走的這種生活，令人疲憊。生活裡當然有時會稍微落後，也可能停滯在某個地方一段時間，就算透過個人的努力，能夠控制的只有方向而已，而且這個唯一能控制的因素，還會受到無法控制的諸多變數影響。但我們仍然總是把精力都放在讓自己快速前進上，因為我們懷抱著的恐懼比自信還要更強烈。

通常被父母嚴厲訓斥的孩子，長大之後很有可能成為先自我設限的人；相反地，若常受到寬容父母稱讚而成長的孩子，則有可能長成認為世上所有事都值得嘗試的視野開闊的人。在這裡若把父母和孩子的關係轉換成社會和我們的關係，也就是在機會渺茫的社會裡，不知道自己什麼時候才能獲得機會，人們因此會像膽小鬼一樣畏縮，但若是在一個想像得到就算自己摔倒，也會有人給予支持的社會裡，就可以學會大膽思考。即使現在馬上辭掉工作，也可以去摸索新的道路，夢想著更加幸福且豐富多彩的生活，而諮詢能否得到失業補助的人也會覺得能夠擺脫折磨自己的公司，並想像著安全又幸福的下一步。

在一個會讓人成為膽小鬼的社會裡，我們為了生存，會在不正義的事面前選擇睜一隻眼閉一隻眼，雖然雙方互相指責對方是個人主義或利己主義氾濫，但其實大部分都只是為了不要跌入深淵而採取的防禦機制。儘管這不是能夠責怪任何人的問題，但卻會為了證明自己的正當性而尖銳地指責他人。這種不安全的社會，只會助長彼此之間的鬥爭，如果存在不責備也不追究、能夠保護自己的社會安全網，那麼職場生活就不會如此無情了。

實際上，看到領取失業補助的人，會覺得他們很從容。我有一位朋友在領取失業補助期間累積了有趣的經驗，也恢復了健康，正在悠閒地思考著未來的路。我記得他應該已經離職好一段時間了，但當我問他「你現在還在領取失業補助嗎？」這個問題時，自己還是默默覺得很生硬，我想並不適合在與社會福利國家相去甚遠的韓國問這個問題。雖然從朋友那裡同時感受到了他的悠閒和憂慮，但至少他現在的生活看起來非常愉快，如果沒有失業補助的話，應該會像被追趕著什麼一樣急著投入下一份工作。

在宣傳災難支援金時，韓國京畿道的標語是「讓所有的人都能夠一起好好生活」，而首爾市則是「即使日常生活停止了，我們的生活也會持續下去」這樣的一句話，這些都是讓人倍感溫馨的話語。就像由於新冠病毒而不得不停止我們原有的日常生活一樣，也許有一天做了某項工作之後，會遇見不是我的自由意志所決定的辭職。這有可能是因為職場霸凌，也有可能是因為健康問題，或者也可能是比這還要更瑣碎的原因，但我們不該害怕停下腳步，讓我們一起夢想一個無論何時想要暫停也不會感到失敗的社會，停下腳步的人和不斷前進的人都能夠一起生活得很幸福的社會。

○性別歧視

有一段時間，我覺得看小說這種由某個人幻想出來的故事似乎是在浪費時間，所以比較喜歡讀報紙和社會批判的書籍，也許是因為那個時候我沒有任何煩憂的關係。後來，從發現接連不斷的案件、事故和尖銳的批評與我的生活脫離不了關係的某一天起，我感覺到報紙或社會批判書籍裡直言不諱所寫出的內容似乎字字刺入我心，因此，我開始以輕鬆的心情拿起小說來閱讀。

《二〇二〇第十一屆年輕作家獎獲獎作品集》中特別以女性為主題的作品很多，這不就是因為像江南站殺人事件或 N 號房事件這些在現實中發生的可怕事件而產生的恐懼感和關聯感所造成的結果嗎？就像性暴力或殺人事件不斷發生一樣，現實如此極端，而小說卻是以祭祀或思考前途等這些瑣碎的日常生活為背景。在現實中，女性只有在發生被殺害的衝擊性事件才會受到關注，但是在像小說中的瑣碎日常這種許多得不到大家注意的瞬間，女性也不斷處於歧視之中。

藝智是一名上班族，從學校畢業後馬上就進入職場，雖然她還很年輕，但工作已經滿十年了。雖然如此，她還在繼續做著第一年進公司時處理的業務，而這也意味著她的經驗只能讓她晉升到某種程度，到達無法再晉升的玻璃天花板。相反地，藝智的同事永哲已經工作三年了，儘管比藝智晚很多才進公司，但他的薪水剛剛超越了藝智的薪資。不久前，永哲開始負責其他的業務，藝智要直接與一般客戶見面接待，而永哲則只需要接待主要顧客或處理相對規模較大的事業。雖然藝智擁有更長的經歷，但兩人的差異在於性別。像藝智這種年輕女性很容易被安排到只負責公司門面的服務性業務，而像永哲這種年輕男性則通常會在短暫學習實際工作內容之後，就立即投入晉升途徑較佳的業務之中，而且我們已經可以預見，在不久的將來，他必定會得到比藝智高出許多的薪資，也會晉升到更高的職務。

也許正因如此，不僅是中階主管，連高階管理人員也通常全都是男性，因為女性和男性經歷的路徑從一開始就不同，被要求的作用也不同。主管會要求藝智和客戶開會時先把妝化好再上班，理由是如果想讓客戶心情愉快地來到公司，那會最先見到客戶的藝智得要漂漂亮亮的才行。此外，在藝智把妝化得比較濃的時候會被追問「下班後是要去見男人嗎？」但在化淡妝的時候卻又被上司指責「把妝化好吧」。女性從小就被灌輸年輕小姐要端莊，年紀稍長之後又被說不能飄露出「大嬸味」，讓女性在打扮外貌上花費很多時間，但卻連這一點也成為被戲弄的對象，更增強了性別歧視。公司內部在報告業務或開會的時候，女性也不會被當成是單純的上班族，而是被當作「女職員」，男性上司常認為因為她們是女人，所以什麼都不懂，或是聽到「女職員就應該那樣」

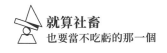

的話也要忍住，如果開口反駁的話，只會被覺得是敏感又難搞的人。

藝智把這幾年來上司的發言寫在了記事本裡，雖然一開始是為了記錄會議內容而記的筆記，但是比起業務內容，性騷擾的發言卻更多，例如「把身材維持好」、「稍微打扮一下吧」、「穿得端莊一點吧」，看著藝智的筆記，我真不敢想像這麼多年來藝智受到了多少的羞辱。

在為藝智進行諮詢的過程中，我得知了公司其他女性同事大部分也都受到上司指責外貌的事實。剛開始是藝智一個人接受了諮詢，但是聽到如果有很多受害者一起站出來會更有利的消息後，那些隱藏的受害者紛紛鼓起了勇氣，而隨著愈多人露面，這個話題成了整個公司的問題，同事們也成為目擊者，積極地提供了證詞。後來這個有問題的上司無法再到公司上班，藝智和同事們盡情享受了她們的第一次勝利。

雖然根據韓國《男女僱傭平等法》，對外貌的批評被包含在言語性騷擾中，但是到目前為止，韓國僱傭勞動部沒有承認強迫他人作為「特定性角色」是一種性騷擾，認為那只是性別角色的區分。然而從藝智的案例中可以看出，強迫「女性化」外貌不僅限於在職場中讓女性扮演輔助性作用的角色，還壓迫了女性所負責的業務、晉升機會以及薪資水準等，性別角色的區分是歧視的溫床，也是性騷擾的原因。

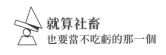

臺灣法院之前並沒有對於雇主要求女職員穿著必須符合特定形象的案例判定違法，但勞工若覺得在職場上遭受性別歧視或性騷擾，都可以依《性別工作平等法》提起申訴。

雖然一開始是以輕鬆的心情來看小說，但心情馬上就開始變得微妙起來。對女性外貌的干涉、唯獨執著於女性外貌的這些理由，最終與女性負責的業務有關，也進而對薪資和晉升產生了影響。「只是區分性別角色」的外貌指責更延續到了性別歧視上，讓性別角色的區分變得更加明顯，這可以說是因果的混合。就像為了減少聘僱的性別比例差異而制定女性勞動參與率這個標準一樣，為了消除現有的歧視，暫時先優待特定人群的行為，是為了消除結構性歧視所需要的政策。這種積極改善僱傭比例的措施並非歧視，因為如果放任已存在歧視的現實，那麼性別歧視和性騷擾就無法根除，因此藝智和同事們的挺身對抗非常偉大。我為處在歧視的現實中，還願意努力改變現實的無數個藝智們加油，也希望這份心意能夠提升她們的勇氣，讓她們不會感覺孤軍奮戰。

◯童工

在電影《末日列車》（*Snowpiercer*）裡，梅森部長為了確認孩子們的健康，拿起捲尺測量末節車廂裡孩子們的身高，然後把提姆和安迪這兩個孩子帶到某處。安迪的爸爸安德魯向梅森丟鞋子抗議，卻被砍斷了手臂，已經累積了許多憤怒的末節車廂裡的人開始叛亂，經過無數次犧牲，末節車廂的年輕領導人寇帝斯面對末日列車的最高權力者——引擎室的威佛時，寇帝斯詛咒了讓末節車廂的人陷入悲慘境地的威佛，但威佛卻勸誘他說為了維持列車的生態系統，這種制度是不可避免的，而自己已經老了，希望走遍各節車廂的寇帝斯能夠負責引擎室。寇帝斯在動搖的瞬間，目睹了被部長抓走的小朋友們在引擎室內部代替機械零件工作的情景。如果想代替消失的零件移動齒輪，就需要不到五歲的小孩的身體，寇帝斯對於將末節車廂的孩子抓走用來作為列車配件的非人性行為感到憤怒，並決定停止列車。

看著末日列車上孩子們的勞動，我們可以知道很多地方正在發生這種不可思議的事，而為了防止這種情況，ＩＬＯ(國際勞工組織，International Labour Organization）作為基本協議，提出了《准予就業最低年齡公約》(Minimum Age Convention）和《消除最惡劣形式童工勞動公約》(Worst Forms of Child Labour Convention)。韓國在很久以前就批准了該協議，因此根據《勞基法》規定，未滿十五足歲的人不能工作，未滿十八足歲的人必須得到父母的同意才能工作，並且就算是獲得同意的情況下，也不能讓孩子們在危險的地方工作，再加上現在連「兒童勞動」這個詞都不能說，我們完全把兒童勞動視

> 臺灣《勞基法》禁止僱用未滿十五歲之人，而十五歲以上未滿十六歲的受僱者被稱為「童工」。若雇主僱用童工及十六歲以上未滿十八歲之人，需其法定代理人同意，並不可讓其從事具危險性或有害性的工作，且不得於夜班、大夜班等時段工作。

為是一種理所當然的禁忌，但是韓國真的有童工存在嗎？是不是覺得太過理所當然，才沒有考量過這件事呢？

在某稅務公司實習的高中生亞藍因為無法承受壓力而在上班途中暈倒了，ＩＬＯ提出的基本協議中，《消除最惡劣形式童工勞動公約》適用於未滿十八足歲的所有人，這裡所說的「最惡劣形式勞動」是指有可能會危害健康或安全的勞動，例如性交易、製作淫穢物及非法工作等。亞藍工作的地方看似平凡的稅務公司，但結果卻威脅到他的健康。亞藍被分配加入一個隨意分派的組別，他們必須與另一組競爭，當哪一組業績不好，全體組員都要負責，因此組員們開始互相監視，也會為了業績而成為彼此的敵人，為了生存下來而必須討厭自己的同事，就連每次去上廁所，也為了不要超過五分鐘而費盡心思，因為如果離開位置超過五分鐘，就必須報告為什麼離開那麼久。亞藍才剛上高三而已，是個剛滿十七歲的少年。

不是只有個子比成人矮的孩子才是童工，亞藍雖然和成人一樣高，但目前還是擁有受教權的學生，而且是受到ＩＬＯ協議和《勞基法》保護的小孩。亞藍的勞動雖然處於兒童勞動的邊界，但被「實習」這個名稱混淆而變得無法分辨。稅務公司為了提高業績，以煽動競爭作為手段，對他們施加了監視、壓迫、言語暴力和強制加班等行為。稅務公司雖然看起來與ＩＬＯ禁止的最惡劣形式勞動相去甚遠，但是加上了監視和壓迫之後，就連正常的職務也會成為最糟糕的工作崗位。

被「教育」之名掩蓋的兒童勞動本身就很危險，但是為了成果的盲目競爭使得孩子們這些弱勢的存在更加危險，年齡愈小或社會生活經驗愈不足的話，就會有更高的機率成為最先犧牲的人。在電影中才能看到的性交易或毒品交易這些事，大家都知道嚴重性，但是在實習中展開的競爭、監視與壓迫卻被認為是理所當然的，因而被排除在關注的話題之外。其實就算是成年上班族，情況也是大同小異，那些實習生或實習職員為了討好公司，甘願承受成果的壓力，勉強進行工作，而公司就利用這種弱點，反而讓他們麻木於彼此競爭。

末日列車的爆炸所傳遞給我們的訊息是什麼呢？因弱者的犧牲而運轉的列車就應該停下來才對。

○新冠肺炎

矛盾的是，「無差別」應該意味著對所有人都平等。電影《悲慘世界》（*Les Misérables*）中的兒童加夫洛許對貧窮和暴力政治感到憤怒，在成為革命軍一員後的戰鬥中演唱了這樣的歌曲：「平等到底是什麼？死去之後，人人平等。」雖然有人認為只有「階層」，沒有「階級」，但「湯匙階級論」為我們帶來了「刺骨」的共鳴，崔順實和女兒鄭維羅以及曹國和羅卿瑗等案例*，這些對政治家及其子女的特殊待遇的疑惑，讓我們真切感受到了連機會都不平等的世襲社會，然而，擺在我們面前的新冠病毒卻是公平地威脅著所有的人。

韓國上下全部的政策和預算都針對新冠病毒，媒體連日以新冠病毒作為報導主角。聚會被取消，形成了早早回家的氛圍，多人使用的物品要消毒或隨時洗手等衛生觀念開始變成常態。雖然我們還在適應因新冠病毒而改變的生活方式，但我們所知的世界在新冠肺炎肆虐的狀態下仍然在生活中反復上演著。

二〇二〇年二月，當新冠肺炎在各地迅速擴散時，我第一次接到了因公司強制休特休或無薪假而出現的諮詢，而且類似的諮詢在瞬間暴增。隨著消費減少，商家紛紛縮短營業時間或關門歇業，不僅是航空業、旅遊業，甚至連餐廳、咖啡廳、健身房或圖書館等日常使用的地方也很快都關閉了。隨著消費、生產和投資的減少，未來的經濟情況變得難以預料，而在這種情況下，雇主堅守勞工的態度也許是最好的。但是

* 鄭維羅因母親崔順實（現改名為崔瑞元）是南韓前總統朴槿惠的密友，以特權進入梨花女子大學，就學期間多次曠課、不參加考試，但最後校方還為了讓她能順利畢業修改學分規定；曹國曾任南韓法務部長、青瓦臺民政首席祕書官，女兒涉嫌掛名論文、偽造志工證書，得以進入知名大學和研究所就讀；前國會議員羅卿瑗兒子同樣也涉嫌掛名論文而錄取名門學校。

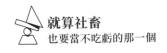

就像一種趨勢一樣，最先處理人事成本一定是最糟糕的，而明知權益受損將集中在非正式員工和小型企業身上，卻仍然消極無作為的無能政府更是糟糕。

小說《盲目》(*Ensaio sobre a cegueira*) 以會失明的傳染病為題材，描述政府將感染者隔離在偏遠的精神病院，但不是以治療或保護為目的，而是為了控制傳染病擴散的一種監禁。在提供的糧食逐漸減少之前，被隔離的人便察覺到自己已經被政府拋棄的這個事實。精神病院處於無政府狀態，所有人都公平地雙眼看不見，但以糧食分配為武器開始產生權力的鬥爭，手握權力者最初是掠奪貴重物品，後來甚至還開始強姦婦女。

人類雖然在危急時會共同分擔危險，同時恢復人性，卻反而容易對脆弱的存在表現出暴力，成為一種「盲人」。在這個不平等的社會上，說新冠病毒公平對待所有人是第一個謬論，而說因為平等而突顯出不平等現象是第二個謬論。從二〇二〇年二月底開始，部分大企業開始宣布在家辦公，在認為長時間坐在辦公室才代表誠實和為公司奉獻的韓國社會，在家辦公是史無前例的事，但新冠病毒的恐怖卻讓這件事變得簡單。然而能夠在家辦公的勞工只有少數，對於當初沒有得到勞動法保護的特殊僱傭勞工、無法避免頻繁人力變動的派遣企業所屬的派遣勞工以及勞動監督困難的小企業勞工來說，新冠肺炎這一災難無異於無政府狀態。

此外，擁有權力的雇主以共體時艱為由，將痛苦轉嫁給勞工，一開始，先用完特休，接著讓大家休無薪假。無薪假的實質意義是《勞基法》上的停業，因此雇主應該支付停業津貼，但讓

> 在臺灣，俗稱的無薪假在勞動法令中屬於「減班休息」，當企業因突發性因素導致營運困難，雇主可和勞工協議後，透過暫時講少工時或工資等方法降低人事成本，原則上需「勞資雙方合意」，最長以三個月為限，且在無薪假期間勞工月薪仍不能低於基本工資。

勞工在無薪假同意書上簽名，似乎變成勞工自己決定休無薪假。只要簽署自願休無薪假的同意書，就削弱了勞工申請停業津貼的依據。當然，你可以反問那不簽名不就行了嗎？我們都很清楚，基本上很少有勞工可以堅持不簽雇主所提出的無薪假同意書，最終犧牲最多的還是勞工。

雇主最後的手段是解僱。特休和其他帶薪休假很快就用完了，那麼就讓員工去休無薪假，但新冠肺炎似乎沒有減緩的趨勢，無法繼續堅持休無薪假，因此開始解僱員工。雖然韓國政府後來增加了僱傭維持補助的規模，也放寬了申請條件，但解僱是雇主要省錢最簡單的方法，他們可能因為已經得到了類似的政府補助，所以不能再申請這筆補助，又或是對於得到僱傭維持補助之後不能有人力變動的條件覺得有壓力，或是嫌申請程序麻煩，理由有很多種，也許有的雇主想到了這正好是可以隨意調降薪資、趕走員工的好藉口。

隨著新冠肺炎蔓延，勞動市場逐漸露出了真面目。政府的「暫時停業」或「生病就休息」的防疫政策就像「孔子的話」一樣只充滿理想性，現實是已經有快遞司機因新冠肺炎導致突然增加的配送量而過勞死亡。電商酷澎（Coupang）物流中心為了消化過量的訂購包裹，就算出現了確診者，也立即強迫大家回到崗位工作，引發了集體感染事件。而大部分人為了維持生計，即使身體不舒服也無法休息，更何況連勞工保險都沒有的臨時工以及特殊僱傭勞工等，根本從一開始就連休業津貼或僱傭維持補助的邊邊都摸不到。現實是已經被社會安全網冷落的勞工只能像宿命一般繼續拚命工作。

韓國經營者總協會以新冠肺炎為由，要求政府放寬政策，讓企業能夠自由解僱和擴大非正式員工規模。其實愈是這種時候，就愈應該互相讓步，但把錢視為比人還更重要的韓國社會卻以「我得先活下來才行」的方式強迫弱者做出犧牲。在《盲目》中不失人性的盲人們互相牽著手，堅持到最後，一個人也沒有放棄。沒有食物的時候大家一起餓肚子，有食物的時候就先照顧孩子和老人，因為是為了全體，也就是為了所有人，他們的犧牲不再是犧牲。要拯救盲人的唯一方法，就是與他們站在同一陣線，是要成為能看見卻不看的瞎子？還是要成為擁有善良雙眼、真正睜著眼睛的人？如果新冠肺炎這個危機引發了韓國社會對正義和分配的討論，難道這不是第三個謬論嗎？我們應該守護的是什麼？以及應該放棄的又是什麼呢？

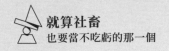

停業津貼

停業津貼是依照韓國《勞基法》第四十六條規定，因歸咎於雇主的事由而導致公司停業時，雇主應向勞工支付平均薪資百分之七十以上的停業津貼。

在簽訂工作合約的工作日裡，如果勞工提供勞動，雇主就有義務支付薪資，如果雇主違反工作合約，在決定提供勞動的當天停業，那麼勞工就會遭受無法獲得薪資的損失。為了防止勞工承受這種損失，因此若為歸咎於雇主的事由而停業，那麼即使勞工不提供勞動，雇主也要支付停業津貼。

生產量減少或銷售不佳等經營困難或營業場所施工等情形都包含在歸咎於雇主的事由中，因此雇主有義務支付停業津貼，而因自然災害、戰爭等不可抗力因素而停業者，不能視為歸咎於雇主的事由，因此不會產生支付停業津貼的義務。

臺灣的情況

臺灣勞動法令並沒有關於「停業津貼」的規定，而是依照雇主停業情況，判斷應支付員工全薪、按比例支薪或可以不給薪。

情況一：因不可抗力因素，例如天災、戰爭或疫情被政府要求停業等不可歸責於雇主的事由，薪水應由勞資雙方協商，

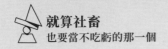

雇主如果不給薪也不違法。

情況二：因營運考量等可歸責於雇主的自主停業原因，雇主需照全額支付員工薪水，不能扣薪。

情況三：公司若合法實施無薪假，就能依工作時數減少的比例來減薪，但每月薪資不能低於基本工資。

但不論哪種情況，雇主都不能要求員工用事假或自己的特休來折抵。

◯轉職

在即將迎來二十九歲生日的那個八月中旬，為期兩天的勞務士第二次考試結束之後，我立刻飛奔去髮廊，久違地悠閒地燙頭髮時，突然想起我在考試中犯下了致命失誤。因為我想著絕對不要考兩次試，覺得只要嘗試一次，如果不行就算了，用這樣的想法拚命學習，因此在發現自己犯下決定性失誤的瞬間，甚至出現了想死的念頭，從那時候我開始讀《二十九歲生日，我決定一年之後死去》（29歳の誕生日、あと1年で死のうと決めた）這本小說。小說的主角在宣告自己有限的人生之後，度過了前所未有的熱烈時光，發現了與以前不同的自己，從而獲得了新的生活。主角的故事和我有點不同，我想在三十歲之前打好基礎，發展自己的專業素養，所以選擇考證照，在有正職工作的同時，我也從來沒有偷懶過。如果二十九歲的我給予自己唯一一次的機會以失敗告終，那麼我會有像書名一樣極端的想法，因為我無法容忍失敗。

第一個理由是我的生活費並不寬裕。之前公司給的資遣費已經在念書的過程中用完了，在沒有固定收入的情況下，埋頭於不知何時結束的考試，風險很大，更何況到了三十歲還不會賺錢，也害怕自己和已經站穩腳跟的朋友們過著太過不同的人生。第二個理由是雖然眼前的生活費也是個問題，但是需要用力存錢的時候自己反而在花錢，這點讓我感到很不安。現在應該是為了進修或結婚而強迫自己努力存錢的時候，我甚至會不得不用到以前上班時乖乖存入的存款，這也讓我產生嚴重的失落感，因此在我人生的目標和夢想面前，我一定要考慮錢的現實問題。

在等待考試結果出爐的時候，首爾市以「六個月內，每月給青年五十萬韓元（約新臺幣一萬二千元）的青年補助」為由招募申請者。若是要重新準備勞務士考試或其他考試，六個月的時間並不充裕，五十萬韓元的生活費也不是很充足，但是如果能拿到這筆錢，生活應該會稍微輕鬆一點。然而，這個以家庭收入為標準來篩選對象的補助並非是提供給所有人申請的機會，再加上獲得補助的青年們肯定會受到「一定很懶惰」的冷嘲熱諷。韓國的社會保障制度並不是包容處於困境的個人那種親切的制度。「能否重新準備考試」這樣的煩惱，在每次辭職時都會反復出現。「我可以暫時休息一下嗎？」、「現在辭職會不會導致經歷中斷？」、「我要如何負擔自己的生活費？」以及「如何填補每月固定支出的錢」，歸根究底還是「錢」的問題，除了最基本的電話費、交通費、保險費和伙食費以外，生病時要去醫院，如果有貸款就要支付利息，因此如果辭職的話，就無法維持生活，這樣的現實讓上班族們停下了遞出辭呈的腳步。

智妍已經對公司心寒了。從表面上來看，她的公司強調橫向溝通，尊重個人的自律性，但實際情況並非如此，這裡只是個以中年男性為中心的地方，女性只能從事輔助工作或打雜，有時還會成為性騷擾的對象。公司上司要求智妍收拾客人用過的桌子，咖啡沒了要補，出差時會在很晚的時間叫她來一起喝酒。對年資還淺的智妍，任何人都能以隨便的態度對待她，但是年資較深的上司中根本也沒有值得尊敬的人。在公司裡，有人即使沒有能力，只要站對陣營就能升職，有能力但對站隊不感興趣的，就會自己去找更好的公司。而如果要在前者和後者中選一個，智妍毫不猶豫地選擇了後者，與其用逢迎拍馬屁的方式抓住上司的心，不如好好培養自己的能力，跳槽到更好的地方，這才是為了自己而走的路。

但是每天一邊上班一邊準備轉職是很辛苦的事情，雖然希望能夠正式投入到離職準備中，但卻不能辭職。因為在不知道會發生什麼事的不確定未來中，不能賭上現在的工作崗位。因為上班的緣故，辭職準備的時間變長了，智妍漸漸發現自己陷入左右為難的狀態，雖然已經無法挽回，但要前進也很困難，因此我認為青年補助對於像智妍這樣的人來說是非常必要的。

關於青年補助支付的期間和金額，以及為了獲得青年補助應該滿足什麼樣的條件，或是否應該像基本收入一樣成為一種權利等，韓國社會正持續進行長時間的討論。就像青年補助有許多名稱一樣，雖然每一項政策都具有其意義，但青年補助可以說是讓我們不必成為膽小鬼的前提條件。「終身職場神話」顧名思義就只是個神話。以五年級生為終結，現在已經很少有人認為自己上班的地方會是一輩子的職場，可能會為了新工作而辭職，也可能會習慣那些無能的上司，或是有可能因為受到霸凌而被趕出職場。我們隨時都有可能中斷職場生活，而這也意味著隨時都會有空窗期，如果害怕這種自然而然會出現的空窗期，那我們面對職場生活就必須如履薄冰。

智妍需要一步一步向前邁進的能量，如果提供她能夠填補空窗期的某種東西，她就不需要用笑臉忍受職場上司性騷擾。我也是一樣，如果那時我有更多的時間，就不會產生想要去死這種荒唐的想法，我認為眾多忍受著職場生活的上班族也是一樣的心情。如果這個社會能夠給予年輕人可以不需要忍受的條件、不需要忍受的機會，那麼他們就沒有必要全副身心承受職場上司的不當行為或職場生活的疲憊，因此青年補助和基本收入爭論是治癒的政策，能夠幫助恢復我們只能當個膽小鬼的卑微自尊心。

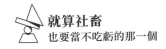

△青年補助

這是促進居住在首爾市的滿十九至三十四歲未就業青年求職活動的津貼，每月支付五十萬韓元，最多支付六個月。

1. 申請資格

①首爾市內居住者 ②滿十九至三十四歲之青年 ③最終學歷畢業超過兩年的人 ④健保費本人自付額二十七萬七千七百六十五韓元（約新臺幣六千六百二十元），就業者二十五萬二千二百九十五韓元（約新臺幣六千零一十元）以下的人（以二〇二一年一月徵收額為準）。

2. 使用範圍

青年補助不但可以用於教育費、K書中心費用等求職活動，也可以用於符合業務目的的各種活動，例如活動所需的伙食費、電話費或交通費等。

3. 諮詢處

首爾市青年補助呼叫中心一五六六－三三四四。

（來源：首爾青年網站首頁）

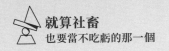

臺灣的情況

為鼓勵青年積極就業、強化職場能力及減輕經濟壓力，政府於二〇二一年起分別推出六項措施，包含職前訓練、先僱用後培訓、就業獎勵金及尋職津貼等，凡是年滿十五歲至二十九歲並符合申辦資格之青年，都可以提出申請。

類別	方案	申請資格	說明（單位：新臺幣／元）
職前訓練	產業新尖兵計畫及青年訓練	十五歲至二十九歲之本國籍待業青年	提供青年產業創新技能培訓課程，最高補助訓練費十萬元，每月還可領取學習獎勵金八千元（非政策性產業課程為三千元），最高可領十二個月。

類別	方案	申請資格	說明（單位：新臺幣／元）
先僱用後培訓	青年就業旗艦計畫	十五歲至二十九歲之本國籍青年	事業單位依據用人需求，規劃三至九個月的工作崗位訓練，青年通過聘僱甄選後受訓，由事業單位發放薪資，政府則補助事業單位部分訓練費。
就業獎勵金	安穩僱用計畫2.0	待業青年	即日起至民國一一二年十二月三十一日止（媒合推介期間至民國一一二年六月三十日止），透過公立就業服務機構推介就業，就業滿三十日以上者，可獲得就業獎勵津貼。「全時工作」最高可領二萬元，「部分工時」最高可領一萬元。
	青年職得好評計畫	十五歲至二十九歲之本國籍青年，未就學、未就業且失業期間連續達六個月以上者	受僱於同一雇主且為「全時工作」，期滿三個月以上，可獲得就業獎勵金三萬元。

類別	方案	申請資格	說明（單位：新臺幣／元）
	一一一年青年就業獎勵計畫	年滿十五歲至二十九歲，於民國一一〇年十月一日至一一一年九月三十日畢業	於民國一一一年九月三十日前就業，或於退役後九十日內就業（須在民國一一二年六月三十日前退役），受僱於同一雇主且為「全時工作」，期滿九十日以上者，可領取就業獎勵金，合計最高三萬元。
尋職津貼	一一一年青年尋職津貼計畫	年滿二十歲至二十九歲待業或從事部分工時之青年，於民國一一〇年十月一日至一一一年九月三十日畢業（或於民國一〇九年九月一日至一一〇年九月三十日畢業後服兵役，並於一一〇年八月十六日後退役）	完成求職準備，發給第一次尋職津貼二千元。求職過程中另給予尋職津貼，每個月一萬元／次，最多可領三個月。

（來源：我的E政府網站）

◯青年明日補貼減免

我曾見過一個兼職廣告，是在促銷品上貼一張貼紙就給一塊韓元，一張一韓元，一百張一百韓元，一萬張一萬韓元（約新臺幣二百三十八元），一秒鐘要貼二．五張才能賺到最低薪資。如果不是出生在富裕的家庭，就應該像註定好一樣勤奮工作，按照工作量賺錢。我曾在社群軟體上看到一位前輩寫下「工作三年後，財產終於變成零韓元了」這句話，當時我受到了很大的衝擊。我很幸運，在父母的支援下，念書的時候沒有擔心過學費，因此從未考慮過助學貸款的重擔，而雖然工作了三年，但只是從負債增長到零元，現在開始才可以生活在正數增長世界的前輩，到底努力了多久呢？

當我看到為了幫助在韓國京畿道工作的青年可以輕鬆存下大筆資金

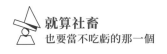

的「京畿道青年勞工存摺」政策時，我不禁瞪大了雙眼。這個政策是指如果青年在三年內每月存十萬韓元（約新臺幣二千三百八十五元），再加上京畿道地方政府的補助，那麼最終可以獲得約一千萬韓元（約新臺幣二十三萬八千三百元）的金額，但由於這項補助的收入條件嚴苛，實際上補助的對象範圍非常狹小。

但是從二〇一六年起，韓國僱傭勞動部開始了不考量收入條件，只要是剛步入社會的年輕人都可以申請的「青年填滿明天」計畫，內容結構和「京畿道青年勞工存摺」類似，只要青年存入一定金額，企業和政府將會提供補助讓青年能夠存下一大筆錢。我周遭也有幾個朋友申請「青年填滿明天」的補助或已經享受了到期優惠。像是償還學貸、準備考研究所、旅行、搬出來獨居或準備結婚資金，很多需要青年一代投入大筆資金的事情。為了在進入正數世界後，不要再出現負增長，青年們需要社會的支援，因此從這個意義上來看，申請「青年填滿明天」這件事本身就成為了讓人羨慕的對象。

在大學學費和房地產價格暴漲的情況下，除了部分大企業、國營企業或專業職之外，大部分都是低薪資的工作崗位。如果不是出身在好的家庭裡舒服地學習，獲得穩定的工作崗位，擁有父母支援的環境，在低薪工作崗位上自立自強這種事幾乎是不可能的。曾經流行的「三拋」或「N拋」等自嘲*，正是赤裸裸地反映這種現實的新名詞。在還需要大幅社會變革的情況下，例如增加更多好的工作、降低學費、年輕人可以負擔的房地產價格等，「青年填滿明天」是一個妥協但還算實用的政策，因此許多年輕人光是申請到「青年填滿明天」就很高興。

* 韓國網路用語，最初的「三拋世代」指年輕一代因大環境壓力，放棄戀愛、結婚和生子，之後往上進階，再加上拋棄人際關係、買房、夢想、希望、健康等的五拋、七拋……N拋。

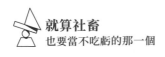

但隨之而來的卻是意外的副作用。世華看到年薪三千六百萬韓元（約新臺幣八十六萬元）的徵才廣告後跳槽了，他原先準備到大企業上班，雖然新工作年薪不高，但是聽到能夠加入「青年填滿明天」計畫就決定跳槽。可是想要存下大筆資金的夢想卻很短暫，當世華看到第一次領到的薪資只有二百多萬韓元（約新臺幣五、六萬元），到總務會計組詢問後才得知一個意外的事實。薪資負責人問她是不是因為進到公司而獲得青年補助，並解釋年薪中就包含了「青年填滿明天」的金額。從企業的立場來看，「青年填滿明天」是一個對他們來說毫無損失的制度，用政府支援的金額來作為企業捐款之後，剩下的錢由企業拿走就好，而且他們還用這種荒謬的邏輯削減了世華的年薪。

年輕人需要存下大筆資金的迫切感反而成了他們的枷鎖，剛步入社會的澀琪也是因為學費和房屋保證金而向銀行貸款，為了還清債務，她在一個還可以的地方找到了工作。幸運的是，公司允許澀琪申請「青年填滿明天」計畫，澀琪還制定了到期要償還債務的目標，但很不幸地，澀琪的職場生活並不順利，她雖然因過度繁重的業務而疲憊不堪，但為了得到「青年填滿明天」的減免優惠，因此不能辭職。

結果「青年填滿明天」不僅無法讓年輕人更加健康幸福，反而使年輕人在艱苦的職場生活中左右為難，夢想擁有大筆資金而興奮的未來，就像在公司受到不公平待遇也不能放棄的枷鎖一樣束縛了自己。而為了不要讓「青年填滿明天」出現副作用，需要設計這個制度的僱傭勞動部的認真監督。幸好隨著各種副作用案例成為焦點，僱傭勞動部擴大了可以重新申請「青年填滿明天」的事由，包含不正當的薪資調整、職場霸凌以及拖欠薪資等，「青年填滿明天」應該成為讓年輕人能夠自立和創造健康社會生活的支持網絡。在人生這場比賽的起跑點上，為了不要讓青年們精疲力竭，希望大家不要忘了「青年填滿明天」這個政策最初的宗旨。

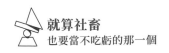

△京畿道青年勞工存摺

1. 補助內容

- 資產累積補助：二十四個月內，每月儲蓄十萬韓元，政府會每月支援十四萬二千韓元（約新臺幣三千四百元），兩年後約可領取五百八十萬韓元（約新臺幣十四萬元）（包含地區消費使用金一百萬韓元）。
- 加強社會自立能力補助：財務、勞務教育、金融諮詢及自我開發補助。

2. 補助對象

以居住在京畿道，收入在平均所得中位數百分之百以下，滿十八歲至三十四歲的青年勞工。

3. 申請方法

青年勞工存摺首頁（http://account.jobab a. net）線上申請。

4. 諮詢處

京畿道就業財團存摺諮詢電話：〇三一－二六七－九三六〇。

（來源：京畿道就業財團）

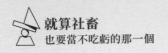

△青年填滿明天

1. 補助內容

- 青年：青年本人兩年內累計存入三百萬韓元（約新臺幣七萬二千元），並與政府提供的就業補助六百萬韓元（約新臺幣十四萬三千元）和企業的三百萬韓元（政府補助）共同累計，兩年後領取到期總和金一千二百萬韓元（約新臺幣二十八萬六千元）。
- 企業：領取兩年僱用維持補助三百萬韓元。

2. 補助對象

- 青年：①滿十五至三十四足歲 ②沒有加入勞工保險或失

業時間超過六個月者。
- 企業：五人以上的中小企業。

3. 申請方法

工作網—青年互助網站（www.work.go.kr/youngtomorrow）。

4. 諮詢處

僱傭勞動部顧客諮詢中心諮詢一三五〇（收費）。

（來源：僱傭勞動部）

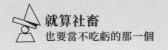

臺灣的情況

青年教育與就業儲蓄帳戶方案

1. 補助內容

- 就學、就業及創業準備金：教育部每月補助就學、就業及創業準備金新臺幣五千元，至多三年領取新臺幣十八萬元。
- 青年穩定就業津貼：勞動部每月補助穩定就業津貼新臺幣五千元，至多三年領取新臺幣十八萬元。

2. 補助對象

中華民國設有戶籍之高中職應屆畢業生。參與此方案，不需要統測、學測成績，但如果已經考取大專院校仍可向教育部提出申請，協助向錄取大學辦理保留入學資格或休學。而已經於畢業當學年度參與「產學攜手合作計畫」、「雙軌訓練旗艦計畫」、「產學訓合作訓練」這三種已有相關補助與就業配套方案計畫者，不可重覆申請此方案。

3. 申請方法

教育部網站－青年教育與就業儲蓄帳戶方案專區（https://www.edu.tw/1013/Default.aspx）。

4. 諮詢處

可詢問各校實習處或輔導處室，或是撥打電話專線〇二－七七三六－五四二二。

（來源：教育部）

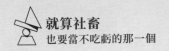

除了上述計畫，也可多關注地方政府是否有推行類似內容的方案，例如臺中市政府就曾於二〇二二年推行「弱勢青年就業自立培植試辦計畫」，只要是臺中市列冊低收、中低收入戶的二十五歲以下國內大專院校及研究所應屆和去年畢業生，已經成功就業且能全程配合每月存款五千元、七千五百元或一萬元（擇一，以不可變更為原則）者，臺中市社會局將相對提撥百分之二十的金額補助。

○復職命令

電影《超完美殺手》（회사원）以殺人派遣公司為背景，公司手冊上要求「解僱」某人時就意味著要「殺人」，擅長殺人的主角因無法再遵循公司手冊行事，決定辭職，但不可能放過主角的公司卻想要解僱主角。這部電影真實展現了「解僱就是殺人」，為了像個人一樣生活，需要解決基本食衣住行的花費，大部分人都靠付出勞動賺錢。因此，解僱就是連基本生計都中斷的惡劣折磨之一。

當然，從職場霸凌一詞也可以聯想到，霸凌是以「職場」為前提，這不是指場所範圍，而是指勞工所屬該職場的期間，而解僱是職場霸凌的最終型態，既然勞動關係已經結束，不能再對員工進行霸凌才合乎邏輯，但很不幸地還是有對已經被解僱的勞工開玩笑並且折磨他們的情況。

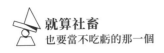

智敏的組長是屬於權威和高壓型的人，每天早上都希望智敏能為他準備報紙和咖啡，還會在辦公室抽菸。智敏每天都要聞到嗆鼻的菸味，下班後也因為身體和頭髮上的菸味而痛苦不已，她會在組長抽菸時大聲咳嗽或故意打開窗戶，以此進行了小小的抗議，但並沒有任何效果。在一週只上班一兩次的部長進辦公室的那天，智敏吐露了自己的痛苦，部長就對組長說以後不要在辦公室抽菸，然後組長開始將智敏視為叛徒。組長聲稱智敏是隨時有可能背叛同事或泄露公司機密的人，剝奪了智敏使用公司文件的權限，並將她排除在業務之外，被侮辱的智敏已經沒有可以做的事了，她只能呆呆地坐著看電腦發呆。而因為沒有工作可做，表現和工作態度不好是理所當然的結果，於是組長以「業務成果不佳，沒有工作的欲望，好像是來公司玩耍」的理由解僱了智敏。

智敏覺得很委屈，雖然她已經不想再回到那間公司，但為了證明自己是遭受不當解僱，她向勞動委員會提出了不當解僱的救濟申請，而公司此時突然表示要撤回對她的解僱，並且還向她發送了復職命令書。智敏並不想再回到公司，因為她知道即使回公司，他們也會折磨到自己辭職為止，公司單方面通報她解僱之後，又再次單方面撤回解僱的態度，無異於威脅著當事人說霸凌還沒有結束，把勞工當玩具耍。

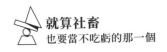

勞動委員會是以「恢復原狀主義」為原則，恢復原狀主義是指讓被不當解僱的勞工重新回到公司，恢復他們被侵害的權利，因此不當解僱救濟申請的目的是讓勞工重回公司工作。但是公司在被判定為不當解僱之前，就命令智敏回公司復職，智敏最終不得不回到公司，因為如果勞工不去上班，公司可能會以曠職來懲戒，這就是公司惡意利用復職命令這張牌的原因，他們並不是想再次與這個勞工好好相處，而是為了迴避不當解僱的判決而先下達復職命令。

此時勞工需要注意到的一件事，就是薪資的賠償金額，因為被公司不當解僱而無法工作，所以從被解僱之日起到復職之日為止，可以向公司申請領取這段期間的薪資。因此，如果公司發出復職命令，就要反問公司「什麼時候要把多少金額的薪資給我？」如果雇主只下達復職命令，不給這段期間的薪資，那麼代表這只是為了逃避不當解僱責任的手段，是虛假的復職命令，此時解僱仍然有效，勞工就可以繼續進行不正當解僱的鬥爭。

被解僱已經很冤枉了，但很多雇主會打出復職命令牌作為折磨的手段，等到勞工回到公司之後，可能發現桌子被放在廁所門口，或因為其他原因再次被解僱，又或是遭受集體霸凌等，無論如何都要想盡辦法讓勞工自己走人。雖然有勞動委員會的制度和《禁止職場霸凌法》，但折磨勞工的方法卻也日益進化，就像智敏識破的那樣，雇主只是不想捲入法律紛爭，所以撤回解僱，等到智敏回來之後就會以更狠的方式來折磨她，好讓她自己選擇離開的典型復職手法。這是對被解僱勞工的「合

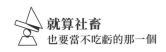

法」折磨，剝奪他們擁有的權利，例如解僱預告津貼、不當解僱救濟申請以及失業補助等。

時常有人說，因為《職場禁止霸凌法》，導致雇主的人事權有可能受到侵害，但雇主的人事權實際上只能在合理範圍內行使，職場霸凌是不合理的行為，也就是說，兩者不能混為一談，對智敏的復職命令不是合理的人事權行使，反而說是新型態的權勢霸凌更為貼切。

◯言語暴力

以約聘職進入大企業的英荷，在公司工作的一年裡不斷被上司惡言相向，上司會壓著英荷的脖子嚇唬她，或是假裝打耳光，甚至還時常問她有關工作的問題，驚慌失措的英荷如果不能正確回答，上司就會鄙視地說：「妳竟然連這個都不知道。」當然事情並沒有這麼簡單，上司隨時都會說「妳是幹什麼的？連這個都做不好，代表妳腦子有問題，不然就是腦子進水了」或是毫不猶豫地向她說「妳長得不好看，不准笑」等與業務無關的貶低性發言。

英荷因上司的言語暴力，每天都要遭受數十次的傷害，甚至因為害怕上班要見到上司而睡不著覺，出現了睡眠障礙，所以她常常一天睡不到一個小時就要去上班。有時候吃了安眠藥，好不容易才入睡算是萬

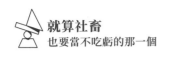

幸，但也常發生因為藥物不合而無法入睡的情況，原本很健康的英荷因此去了急診室兩次，最後還接受了精神科治療。

言語暴力看不見也摸不著，英荷曾去了兩次急診室，但都看不到因言語暴力而受的傷。韓國《勞基法》第八條規定，無論有什麼理由，雇主都不能使用暴力行為出手毆打勞工，但這裡所指的暴力行為是以動用武力為前提，強調對他人身體施加物理力量上的暴力行為是嚴重的犯罪。但是言語暴力卻不一樣，就像英荷的身心都生病了，言語暴力也會留下不亞於暴力行為的心理創傷，足以威嚇勞工，奪走他們的健康，但是在《勞基法》裡，言語暴力卻並不被視為暴力。

二〇一六年，李龍得議員代表提議修訂《勞基法》第八條，在禁止施暴的條文中追加「禁止用持續性言語暴力虐待勞工的行為」，且二〇一八年李燦烈議員也代表提議了在《勞基法》第八條中追加禁止侮辱他人的修訂案。儘管職場言語暴力和侮辱等問題很嚴重，但是因為沒有法律依據加以規範，因此屢屢有人提出類似內容的修訂案，但是二〇一六年和二〇一八年這兩次的法案都沒能通過就被廢棄了，就這樣，《勞基法》依舊沒有直接規範言語暴力，此外，隨著《禁止職場霸凌法》的實施，言語暴力也成為了職場霸凌的其中一種類型。

最終，言語暴力並未被歸類在《勞基法》，而是判定為《刑法》上的侮辱罪，但《刑法》將職場上司和陌生人的的言語暴力等同對待，因此無法捕捉到職場權力關係的特殊性。發生在職場的言語暴力主要是上司利用自己的權力對下級施加折磨的代表性形式。如同英荷所經歷的事，我們可以知道上司的言語暴力是用威勢來逼迫下屬，勞工束手無

雖然言語暴力被歸類於廣義的霸凌裡，但臺灣《勞基法》並沒有特別規範，惟言語暴力有可能構成《刑法》上的公然侮辱罪，如果有侵害他人權利或名譽、隱私等，受害者也可依《民法》追究損害賠償、撫慰金及回復名譽等責任。

策，若不假設這種權力關係，只看《刑法》的侮辱罪，勞工告發的侮辱罪將很難被認定，加上以侮辱罪起訴上司並不是一件容易的事，而且即使起訴了也幾乎不可能繼續與每天都要在工作崗位碰面的上司打官司。

另一方面，最近有一案例為上司的言語暴力被認定為《刑法》的傷害罪，就是二〇一八年韓國駐札幌領事館的總領事習慣性地對當時擔任祕書的勞工惡言相向長達一年半的時間，導致該勞工受到嚴重的精神壓力，並罹患嚴重的抑鬱症，需要進行六個月的精神治療。但因為是總領事和勞工之間的對話，不能滿足「公然」這個條件，因此很難適用侮辱罪，最後該勞工錄製了總領事的惡言惡語，檢察機關以四十餘個錄音檔為基礎，才終於認定勞工的憂鬱症與上司的言語暴力有因果關係，而對總領事判以傷害罪。傷害是危害一個人的身體健康，但正如我們看不見聲音一樣，言語暴力所造成的傷害也是看不見的，由於精神上的傷害無法客觀地量化，因此根據性暴力犯罪處罰等相關特例法，幾乎只有強姦

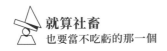

等傷害、致傷的情況才能被認可。但該勞工患有嚴重的憂鬱症，並且總領事確實長期反復對該員進行言語暴力，才首次對言語暴力所造成的精神損失適用了傷害罪，這是第一個成功認定的事例，是非常有意義的判決，同時也是一個破格的判決。

儘管有規範言語暴力的方法，但在《勞基法》無法保護勞工避免遭受言語暴力這個現實下，此一判決帶來很大的共鳴，勞工們對上司大聲一點說的話都要看臉色了，如果被上司惡言相向，甚至長期反復如此，心病當然會加重，雖然肉眼看不見，但言語暴力的傷害卻非常巨大。

英荷辭職之後，現在正準備申請職業災害，雖然只待了一年，但由於上司的言語暴力，導致她出現了從沒有過的精神疾病，為了能夠穩定地接受治療，英荷說她必須得到職業災害的認定，雖然不是起訴上司的痛快結局，但我衷心希望英荷能夠恢復以前健康的模樣。

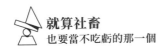

○約聘職

工時短、期間限制、不確定雇主是誰、工作辛苦、薪資低、對公司沒有歸屬感會挨罵、產生歸屬感了就會受到傷害，在韓國約有八百五十萬人在做的這個職位是什麼呢？

這正是被稱之為「次等員工」的約聘職。約聘人員分為短工時、臨時工、派遣、勞務、轉包和特殊僱傭等，新聞常出現的工人死亡事故中，大多數是這種約聘人員，雖然工作非常辛苦、骯髒又疲憊，但由於是非正式員工，因此薪資很低。在電視劇《未生》（미생）裡，作為節慶禮物，公司給了正式員工較高級的午餐肉禮盒，卻只給約聘人員普通的食用油禮盒，而在現實中，不管是在薪資、節慶禮物、獎金、計件薪資、子女學費補助及基本薪資以外的福利等各方面，約聘人員都受到歧

視，如果工作做不好就會被鄙視，「所以你只能當約聘人員」；如果工作做得好，就會被人同情「就算做得這麼好還不是個約聘人員而已」。

正式員工和約聘人員會穿著不同顏色的制服，正式員工會拿到員工證，而約聘人員只會拿到出入證，大體上來看，這是可以分辨出正式員工和約聘人員的習慣性區分方法。而僱傭關係不穩定的約聘人員為了看公司的臉色，很多話都要吞下去，只要公司要聚餐就得取消自己的晚餐約會，就算身體不舒服也不敢請假，對正式員工來說，這是理所當然的「職場生活」，但對於隨時都有可能要離開公司的約聘人員來說，這也許只是毫無意義的奉獻而已。約聘人員雖然是被公司所聘請的，但完全是能夠被輕易取代的人力，當公司出現什麼問題時，與其解決問題，不如裁掉約聘人員還更方便，約聘人員是最容易對付的對象。

貞敏是派遣勞工，雖然發薪資給自己的是派遣公司，但除了面試時去過一次之外，她連派遣公司的老闆是誰都不知道。貞敏被派到一家工廠，和工廠的正式員工做著相同的工作，但是她卻拿不到正式員工能獲得的各種津貼或獎金，只能拿最低薪資左右的月薪，而且由於工廠位處偏僻，公司有提供正職員工午餐和晚餐作為福利，但派遣員工卻被排除在補貼對象之外。正式員工可以免費用餐，而貞敏每餐飯卻要交二千韓元（約新臺幣五十元）的餐費，雖然用二千韓元還是很便宜這種想法來安慰自己，但想到自己被當作多給二千韓元都可惜的人來看待，她更常感到委屈。再加上貞敏這幾個月來的職務完全沒有任何頭銜，像是主任、代理、組長之類這種在名字後面加上的稱呼是屬於正式員工的，稱呼會給人一種屬於某個地方的安全感，成為做某件事的人的標誌，但是貞敏只會被叫名字或喊聲「喂」而已。

對約聘人員的歧視是一種結構性的問題，正式員工在不知不覺中變成了權力的擁有者，貞敏所在的工廠歧視約聘人員，但正式員工們即使知道這個事實也不在意。後來貞敏被正式員工裡某位組長性騷擾，其他正式員工卻拒絕當目擊者為她作證，社長也對貞敏說只要她放寬心就可以了。當受害者貞敏成為關注對象後，她無法在公司工作，曾是約聘人員的貞敏是結構性歧視的受害者，被賦予給正式員工的相對權力所犧牲。

實際上，即使公司不歧視約聘人員，不同的僱傭形態也會使公司的氛圍變得尷尬。我工作的地方也時常僱用約聘人員，因為需要一些負責規定期限內工作的人，在此之前，我從未與約聘人員一起工作過，我也從未以約聘人員的身分工作過。一開始沒有意識到同事是約聘人員，但是一個月過去、兩個月過去，能夠一起工作的時間所剩無幾的這件事讓人感到非常荒謬，同事也對僱傭關係感到不安，並對未來生活的計畫感到混亂。在對待同事時，也會擔心自己看起來像是不知道約聘人員的苦衷，每次同事在算咖啡錢的時候，都會覺得很抱歉。其實光產生這種想法，就已經意味著我們之間不是平等的關係了，因此我心裡總覺得不太舒服，也覺得我們之間的關係很令人惋惜。

公司內部出現不同層次的權力關係並不是一件好事，雖然營運組織需要有適當的階級，但若是超出必要的權力關係就會變成歧視某人或造成不愉快的關係，最後這些損失將會轉嫁到所有人身上，這也是我們反對增加約聘人員的原因。我們身邊有很多約聘人員，在亞洲金融危機之後急劇增加的約聘人員，變成了像正式員工一樣常見的僱傭形態，雖然減少約聘人員規模是韓國社會需要做的結構變革，但這並不是個人能夠做到的事，然而為了不讓約聘人員的僱傭形態如此非人性化，我們有必要檢視一下自己公司是否習慣性地忽略約聘人員，或是否存在歧視約聘人員的結構，最終大家會明白，減少對約聘人員的歧視是所有人共同的責任。

第三章

明日的心情

내일의 마음

○不要被蠶食

當諮詢結束之後，我的臉都會有點痛，因為和勞工面對面坐著的時候，身體會不自覺地緊張起來，尤其是臉部肌肉會特別用力。當我聽到勞工諮詢的內容時，必須做出適當的反應，聽到雇主的違法行為、勞工被剝奪的權利時，我會表現出惋惜的表情，而如果確認有利於勞工的證據，我就會表現出安心的感覺。我用眼睛給予勞工力量，並說明與雇主進行爭鬥時會需要做什麼樣的準備，以及要經過什麼樣的過程來進行這場戰鬥。在諮詢的過程中，我大概點了數十次的頭，但不知道是不是因為掩飾不住緊張，我的肩膀會變得僵硬，全身肌肉都感到疼痛。

這種程度的緊張還算是好的，如果遇到情況尷尬或情緒過於激烈的勞工，就會產生更多緊張和複雜的情緒。在厭倦各種諮詢的時候，遇到了埋怨我不和他們站在同一陣線的勞工，雖然我已經鄭重而明確地告訴對方我能做和不能做的，但是受到雇主傷害的勞工似乎把我的明確區分當成了另一種攻擊，諮詢變成了爭執，在互相留下傷痛的情況下，諮詢就這麼結束了。從那天開始，我有一段時間難以平復，也許現在還在恢復中也說不定。以前，我想用臉部的力量以全身來表達共鳴，但是從那天起，我就變得有意識地努力不要那麼在意。

接受諮詢的勞工們在做出人生重要決定時，會把我所說的每一句話作為依據，有時他們會問我，如果是我的話會做什麼樣的決定，或如果是我的家人會給予什麼樣的建議，然後把決定推到我的身上。其實就像勞工在職場生活中所經歷的痛苦，我也會在每次工作時感受到話語的重量。當實習勞務士的教育訓練快要結束時，我從前輩那裡收到了印章禮物，通常勞務士填寫的各種文件都要在代理勞務士蓋章之後才算完成，而實習結束之後，我也終於可以蓋上自己名字的印章了，當時前輩只對高興的我說了一句：「妳以後會深切感受到這顆印章的重量。」

不只是客服中心會有情緒上的勞動，所有的勞動其實都是情緒勞動。客服人員要對不分青紅皂白發飆的客戶說「我們愛你」，或為了迎合客戶的要求，有的職員甚至甘願下跪。人的感情無法像數學一樣公式化，但職場上勞工們的情緒是可以捏造的，而且為了擁有成功的職場生活，也必須動員情緒勞動。幾年前我曾參與過社會福利機構從業者的情緒勞動狀態調查，雖然由諮詢者導致的情感勞動是研究的重點，但一些勞工卻認為因職場上司而付出的情緒勞動更令人難以忍受。勞工們必須適當地迎合上司所說的話，對「大叔冷笑話」也要適當地跟著假笑，這種「美德」成為了職場生活的必需品，而在此過程中，我們的情緒也必須在某種程度上做適當的控制。

洪承喜作家在《紅線》（붉은 선）這本著作中，將賦予特定性別角

色稱為「從搖籃到床上以及墳墓的性別角色扮演」，由於社會對於某種模樣的要求過於明顯，想要擺脫從個人意志就被加上慣性而表現出完全相同的「角色扮演」來成為人類的話讓我深有同感，而且為了情緒勞動的另一個名字——角色扮演，我時時刻刻都會回過頭來確認自己是否有成為一個根據對方不同表情和不同語調做出反應的相對存在。

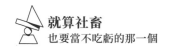

當然角色扮演這個說法很正確，但是作為女性的角色扮演和作為上班族的角色扮演內容卻又有所不同。雖然有時候覺得被角色扮演包圍的人生真是既可笑又疲憊，因此想找回自己真正的表情，但是另一方面，摘下職銜後又很難找到一個介紹自己的表達方式。我很好奇名叫「我」的固有存在是什麼，但又害怕我的用處會在世界上消失，因為只有在職場中擁有一個角色的人才能夠演好角色扮演。

每個人都是靠工作度日，透過工作可以確認自己的用處，但有時也會因此失去自己，這就像是一把雙面刃，既對自己有利，又對自己造成傷害。一邊感謝著自己是個有用的人，卻一邊為了演好這個角色而痛苦，甚至沒有角色的時候還會在自由與空虛中掙扎。為了不要迷失，得在每個角色之間掌握好重心。其實如果我們想要擁有一個正常工作的平凡生活，必須要有些保持關係均衡的時間，才能讓自己不被各個角色所蠶食。

○不要責怪自己

電視劇《未生》中的安英怡是唯一一位以第一名成績考上有「超級男性職場」之稱的公司的女性新員工，她擁有出眾的能力，以及冷漠的態度，即使嘴上抱怨地拿著重物，也拒絕別人幫忙，是一個自信坦然的角色。但這樣的安英怡卻遭到同組男上司的排擠，她不僅要為男上司們差遣的私人業務跑腿，例如負責幫忙去拿委託修理的皮鞋或買菸等，還要忍受收拾會議桌的打雜工作，而隨著上司明擺著對她持續不斷的折磨，原本聰明又自信的安英怡逐漸變成了傻乎乎的「新人」。

職場上的霸凌不是個人之間的衝突問題，「衝突」意味著雙方都有衝動，而霸凌則是單方面的，又因為它是單方面的，所以可以明確區分行為者和受害者。不管在誰看來，安英怡都是受害者；但很奇怪的是，在《未生》討論區裡，大部分的文章都是分析安英怡為何被排擠的內容。

忽略他人嫉妒的安英怡靠實力得到了公司的認可，但因為身為女兒，從小就被父親討厭，不得不自我否定自己的女性氣質，努力在各方面都做到完美，就為了具備超越男性的能力。後來雖然她成為了幹練、有能力的職業女性，但在「沒辦法和女人一起工作」的不合理指責下，她漸漸崩潰了。在一個以男性為中心的組織中，安英怡因為自己抹去了女性氣質，所以才能以第一名錄取，但最終卻又以身為女性為由，成為被排擠和折磨的對象。然而媒體卻只是分析了安英怡為何會成為霸凌對象的歷史，並沒有過多關注以男性為中心的組織文化和身為加害者的男性上司們。

難道是因為安英怡是主角嗎?實際上，類似的情況在現實中也屢屢上演。秀賢是剛開始在淨水器公司工作的社會新鮮人，她抱持著要趕快償還助學貸款以及經濟獨立的可貴想法，因此雖然聽說銷售是一條艱難的路，但秀賢努力達成高價交易，並取得了一定的成果。這樣的秀賢卻突然試圖自殺，因為無論她做什麼，都會因各種理由而受到攻擊，上司持續不斷地對她言語暴力，威脅她：「我就等著看妳能堅持到什麼時候」，並讓她在其他職員面前成為笑柄。秀賢能做的事情除了承受之外別無他法，且習慣了暴力和惡言惡語的秀賢無法判斷在危險情況下應該如何保護自己，就這樣，秀賢第二次試圖自殺。她不顧周遭親友的勸導，認為至少要做滿一年領到資遣費，因此之後也繼續待在這個危險的職場。秀賢的朋友代替她向我諮詢，她想知道自己能夠為這樣的秀賢做些什麼。

秀賢和安英怡都是剛剛進入職場的社會新鮮人，雖然非常積極工作，但卻受到職場上其他職員的折磨。原本聰明伶俐的安英怡變得愚鈍，而曾經用發亮的雙眼說過要自立自強的秀賢也二度試圖自殺。在這一系列的故事中，秀賢和安英怡並沒有任何理由應該遭受這種嚴重的折磨，但是媒體分析卻說，探討安英怡的過往歷史，可以發現從小就因為身為女性而受到歧視的安英怡，她的防禦機制讓她變得不像「新人」而惹人討厭，且最終也因沒能成為「男性」而受到歧視。

韓國職場以軍隊文化為基礎，以男性為中心、階級性的組織文化和集體主義文化有著悠久而堅實的歷史，很容易從受害者身上尋找職場霸凌的原因也是因為這個。人們習慣將職場霸凌受害者視為無能或無法適應職場生活的人，這種謬論就跟將性暴力受害者視為「狐狸精」沒什麼兩樣。如果工作做得不好，就要透過教育和訓練讓職員把工作做得更好；如果關係不融洽，就要從組織層面來制定對策。雖然不能說所有的事都是公司的錯，但以雇主擁有的人事權聘用勞工，並挖掘勞工的潛力是與雇主權利相應的義務。

應該停止隨意在受害者身上尋找被欺負的原因，《職場霸凌法》是在認知到霸凌不再是個人之間的衝突、性格、社會生活的問題，而是韓國社會以男性為中心、成果導向和集體主義文化中形成的結構問題這種共識下而制定的，沒有人應該被欺負，只是有容易發生霸凌情況的環境而已。

職場的霸凌雖然是看不見的，但卻會讓當事人覺得痛苦，還有比精神折磨更殘忍的事嗎？因此，「職場霸凌一一九」*組織在推行禁止職場霸凌的同時，還發表了為職場人士準備的十誡，第一點就是「不要覺得是我的錯」。職場霸凌是因為放任發生霸凌的組織文化和霸凌行為者的人性造成的，或是雇主認為自己已經給了勞工薪資，因此可以隨便使喚差遣的膚淺認知，我希望受到惡劣上司的欺負而責怪自己是傻瓜的秀賢和漸漸變得愚鈍的安英怡，她們的傷痛和受損的自尊心都能夠慢慢恢復。

* 韓國私人公益組織，由多名公民、勞工代理人、律師和勞工專家組成，提供遭受職場霸凌之苦的勞工諮詢和法律服務。

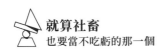

△「職場霸凌一一九」十誡

1. 不要覺得是我的錯。

你正在遭受霸凌嗎？這不是你的錯。

2. 和親近的人商量。

請透過社群軟體向家人、朋友等親近的人告知自己被欺負的事實，並商議討論。

3. 接受醫院治療或諮詢。

如果受到精神壓力，就要到醫院接受治療或諮詢。要被認定為霸凌或職業災害時會需要這份資料。

4. 記下遭受霸凌的內容和時間。

詳細記錄遭受霸凌的內容和時間、在場的同事和特殊事項等。

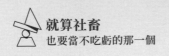

5. 留下錄音、同事的證詞等證據。

錄下包含本人參與的對話並不違法，因此收集錄音、同事證詞、簡訊、電子郵件和其他通訊軟體等證據。

6. 確認職場霸凌是否在工作規則中。

如果在十人以上的企業，請確認工作規則中是否明確規定了霸凌和檢舉機關、預防措施等。

7. 向公司或勞動部申訴。

向公司申訴霸凌的事實，公務員或公家機關可以向國家人權委員會陳情，若沒有正確處理霸凌舉報或執行長本身就是霸凌對象的事件可以向勞動部檢舉（陳情、起訴）。

8. 要求帶薪休假、變更工作場所。

如果無法和加害者在同一辦公室工作，就要求變更工作場所和帶薪休假。

9. 防範權勢霸凌的報復。

如果對霸凌檢舉者或受害者進行解僱或做出損害他們利益的事，將會被處以三年以下有期徒刑和三千萬韓元（約新臺幣七十一萬元）以下的罰款。

10. 尋找工會等集體應對方案。

尋找工會、勞資協議會或職場霸凌一一九網路會議等團體的應對方案。

（來源：職場霸凌一一九）

◯生病了就去醫院

這是在我接受實習勞務士培訓時發生的事。有一次我在喝水時不小心嗆到，寂靜的辦公室裡只有我快喘不過氣的咳嗽聲，這時前輩走過來問我：「妳感冒了嗎？」我本來想回答不是感冒，但喉嚨還在咳，所以沒辦法回答，只能一直咳嗽，然後前輩就接著說：「感冒了的話就去醫院看看吧」。雖然我說了不是感冒，但不管我回答什麼，前輩還是繼續說：「如果在工作的過程中生病了，就要馬上去醫院，不只是感冒，如果心裡很難受的話也要去掛精神科，就像感冒得吃藥一樣，精神科的藥物也要按時吃，這一點很重要。」

實習結束幾年後的今天，我很感謝前輩的話，社會的偏見認為精神科是只有「瘋子」才會去的地方，我以前也是這樣。大學時第一次認識會去精神科的朋友，我把那個朋友的憂鬱想成是不合理的思考方式，還想幫忙他改正。但是正如前輩所說，生病的話就要去醫院，就這樣，其實精神科也沒有什麼不同。

二〇一九年時韓國勞動福利單位公布，二〇一八年職業災害申請件數和職業病認定率創下了近十年來的最高紀錄。通常即使在工作時發生工傷事故，若是申請職業災害賠償，公司也會因為害怕被盯上以及申請程序繁瑣而隱瞞不報，因此職災申請件數增加是值得期待的變化。尤其是和工作中受傷的業務事故相比，因工作業務導致的的疾病，由於工作和疾病之間的因果關係並不明顯，因此認定率較低，但職業病認定率增加也是好消息，而且在多種類型的職業災害中，精神疾病對職災申請件數和職業病認

根據勞動部統計資料，臺灣二〇二一年的職業災害申請總件數為五萬一千四十一件，職業病給付核定率為百分之六十一．四四；二〇二〇年則分別為五萬二千一百六十二件和百分之七十一．〇三五。

定率的增加產生了很大的影響。二〇一六年韓國勞動福利單位將創傷後壓力症候群和憂鬱症等常見精神疾病具體明確標示在職業病的認定標準中，像職場性騷擾和職場霸凌這種誘發精神疾病的事件在社會上引起了關注，申請件數和認定率也隨之增加。

職業災害保險制度的目的在於讓在工作過程中受傷或生病的勞工能夠透過職業災害保險接受治療，並重新恢復健康，因此職業災害認定率的增加是社會必然的變化。另一方面，職災申請件數的增加則具有與此不同的意義，因為這代表的是勞工個人的覺醒凝聚在一起而發生的變化。

為了調查清潔工的實際情況，我曾經親自採訪負責清掃建築物的清潔工。清潔這種勞動，基本上大多是中年女性的工作崗位，她們拿著和自己身體一樣高的拖把無數次地擦拭著寬敞的建築，而當被問到這樣拖地肩膀會不會痛時，清潔工說不管是肩膀、腰還是腿，全身沒有一處是不痛的，接著詢問她是否去過醫院，是否申請過職災或看過別人申請。清潔工則表示痛得很嚴重的時候，她會去韓醫院（類似中醫）或整形外科接受物理治療，但她從未想過申請職災賠償，她還補充說因為也不是在工作中骨折，似乎不是能夠申請職災的事。

如果拖地等動作反復累積，可能會引發筋骨類疾病，中年人常見的退化狀態通常會比自然退化還要更快，因此可以考慮申請職災。如果清潔工及時到醫院接受診斷和治療，就可以比較開始工作之前和之後的左右手臂，因此很容易就能證明肩膀疼痛是清潔工作引起的筋骨類疾病，也就是說，若要被認定為職災，首先要做的就是去醫院檢查。

如果在工作過程中出現身心不適的地方，就要趕快去醫院，因為沒時間去醫院而推遲著不去，或認為這些都是撐一下就能過去的病，結果忍著忍著就病入膏肓了。職災申請件數增加，就是因為沒有強忍住疼痛而及時去了醫院，他們認為雖然是自己身上的疼痛，但懷疑這種病痛是社會性的，因此試圖要在制度內治癒這個病。許多勞工開始利用職災保險制度是一個積極的變化，雖然申請職災仍然是一件很困難也令人害怕的事，但我希望大家能夠記住這一點：生病的話就要去醫院。去醫院看診，把自己的疼痛「客觀化」，然後先治好病吧，申請職業災害的時間是從接受醫院治療之日起的三年內，因此之後的事情可以等到去醫院治療後，再慢慢思考也還不遲。

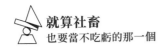

△職業災害保險制度

職業災害保險是韓國以政府補助金和企業主負擔的保險費來營運的社會保險，因業務原因而發生受傷、疾病、傷殘或死亡等職業災害的勞工可以向勞動福利單位申請職業災害補償，當負責單位確認事實，並判斷是否為職業災害之後，就會提供必要的補償。職業災害補償的種類有療養補助、停業補助、傷殘補助和遺屬補助等。

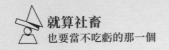

臺灣的情況

臺灣職業災害保險的概念與韓國相同，屬於繳納費用互助的社會保險制度，也具有集體連帶分擔風險性質。當被保險人發生職業災害或傷病等保險事故時，可依規定申請醫療或現金給付之補償，確保本人或遺屬獲得適度的生活安全保障。而原先在勞工保險條例中的職業災害相關條文，於二〇二一年以《勞工職業災害保險及保護法》獨立出來施行，更全面地保障勞工權益。關於職災補償可參考附錄第二四三頁。

◯從我自己小心做起

以企業管理者為對象進行預防職場霸凌的培訓時，我舉了一個上司對做事還不熟練的職員說「你只有高中畢業是吧？」的例子，並補充說明如果像該案例一樣對職員說出髒話或侮辱性發言，可能會造成職場霸凌，因此請避免這樣的發言。於是，正在接受培訓的管理人員人心惶惶，其中一個人問我：「如果連這種話都不能說，那要怎麼教那些事情做不好的職員呢？」這個問題讓本來就尷尬的氣氛開始變得更加混亂，而我的頭腦也跟著混亂了起來。

以指導為理由，到底可以隨意對待他人到什麼程度呢？我記得我曾進行過類似的諮詢，是一家需要與切割電線的機器相互配合工作節奏的製造業。剛進公司沒多久的泰英常被上司斥責說：「你這傢伙，能不能清醒一點啊？」起初我很擔心在工作中一直很不愉快的泰英，但是在諮詢過後，我發現泰英也有錯。雖然他現在因為對工作還不熟悉，可能會跟不上已經熟練的上司的速度，但是泰英習慣在工作中看手機或看著手錶；要知道，他負責的工作如果一個不小心，身體的一部分可能會被機器刀刃切斷，是非常危險的情況。

我有點煩惱，不知道應該如何處理這個諮詢案件。當然，為了預防因為不專心工作而發生意外，泰英也有必要改掉他的習慣，乍看之下我會覺得泰英做錯了，但前輩的建議卻不同。前輩認為在使用機器工作的廠房裡遵守安全守則固然重要，但只要改變不專心的態度就好了，即使是再危險的情況，也不能容忍隨意辱罵員工。前輩的話是對的，韓國《勞基法》也規定，無論是什麼理由，即使有可能發生事故或是勞工也有錯的情況下，雇主都不能對勞工施暴。

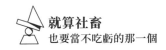

後來我向管理人員講述了這個案例，並且告訴他們，如果不是單純地做錯事，即使是在可能發生意外的情況下，也不能對勞工進行辱罵或侮辱性發言，這是會對勞工帶來很大精神傷害的行為，也是職場霸凌的一種。當然，這種論調並不是一下子就能被接受，他們也提出了很多質疑，但無論如何，原則就是無論在任何情況下都不能容忍職場霸凌，因此對管理人員來說，最重要的是必須學會區分自己的言行是在教育勞工，還是職場霸凌。

當然，如果區分這些事情很容易的話，從一開始就不會產生矛盾了。在各自不同環境下成長的我們，對受傷的界限也各不相同，譬如，對某人說出令他不愉快的話，但對另一個人而言可能根本無所謂，或因為擔心某人而說的話，對某些人來說，卻有可能會造成傷害。

有一段時間，每當收到上司的簡訊時，我都會不知道該怎麼回覆，其實只要分享真實的資訊就可以了，但是對於問這個問題有什麼意圖，或自己有沒有錯過什麼訊息，幾乎是一種妄想般的擔心。其實上司並沒有欺負過我，但我卻因為上司而感到折磨，像這樣明明上司什麼都沒做，卻有職員可能會認為受到職場霸凌，那這時候到底是誰該覺得委屈呢？

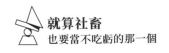

讓年輕人站起來說祝酒詞的人，可以直接大方地說他就是個老頑固，但不考慮自己擁有多少權力而做出某些行動的人其實也是老頑固。通常對於自己的位置不太注意的人就屬於這一類。公司是以業務為媒介建立起來的關係，其關係以各自所在位置為前提，當一個團隊組成時，有人會坐上團隊負責人的位置來領導團隊成員，大部分的領導者都會比成員擁有更多的經驗和能力，並且得到相應的權限和補償，如果賦予領導者這樣的權力，那成員就要聽從其指揮和命令。

職場上的權力雖然意味著強大的力量，但既看不見也摸不著，因此，擁有權力的人常常無法清楚地意識到自己的力量。當權者在與他人的關係中很容易感到舒適，卻沒有意識到只有權力上位者才這麼覺得，誤以為所有人都很舒服。因為權力產生的安適感很快就會讓人習慣，因此他們很難想起自己擁有權力之前的樣子，且就這樣忘了自己擁有力量的原因。

相反地，沒有權力的人因為害怕權力，而高估權力的大小。在握有權力的人面前感到不自在或者不安，因此會對領導者的一句話忐忑不安，或自責是不是做錯了什麼事。無論多麼沒有惡意的行動，只要賦予權力，就可能會有不同的理解，上司傳來的簡訊，從語氣裡也讓人忍不住要看臉色而過度感到壓力，或是產生一種「他還不如開罵算了」想法的原因也在於此。

職場霸凌問題大部分都是受害者來諮詢，但偶爾也會遇到被指稱為加害者並來詢問應該如何應對的人。其實就算被指認為加害者，有時候他們也覺得自己很委屈，但是聽著他們說的話，不知為何讓我感到很遺憾，因為根據職級高低不同，對職場霸凌的感受性也存在著差異，不考慮職級對權力的影響力而行動，當然也會導致這種折磨人的結果。即使是為了教導職員，但如果從上司那裡聽到「你只有高中畢業是吧？」這樣的話，也會感到更畏縮並且有被侮辱的感覺吧。因此，如果對自己擁有權力，而且每件事都在使用權力有所認知，就不會發生這種委屈的事，這是他們疏忽了要自我反省的結果。

權力就像能源一樣，會為個人的行動增添力量，即使不是肆無忌憚使用權力的濫用，權力也還是會被利用，因此我們應該承認，僅憑擁有權力就能恫嚇他人。掌權者要反省自己的權力，注意自己的行動，以免產生不必要的誤會，此外，也需要具備對他人的同理能力，要換位思考，對於自己的言行是否會讓對方感到不舒服，否則也許會陷入難以承認但無意中折磨他人的境地。

○不要選邊站

二〇二〇年六月，仁川國際機場宣布將外包公司所屬的一千九百多名安檢人員轉換為直接僱用的正式員工，引發了激烈爭議。原本要想成為仁川國際機場的正式員工，必須經過一般的公開招考，但是他們現在在沒有公開招考程序的情況下，只要更換所屬單位，繼續現有業務工作就可以成為了仁川國際機場的正式員工。隨後，整個社會展開唇槍舌戰，有人認為仁川國際機場將沒有經過公開招考的人員直接轉換成正式員工，這是一種機會的不平等，過程上也不公正，結果造成逆向歧視（reverse discrimination）*。但其中令人吃驚的是，不僅是正在辛苦準備就業的求職者，甚至連仁川國際機場的正職人員也主張這是逆向歧視。

根據青瓦臺負責人事的官員指出，這次只是將已經在工作的人直接轉換為正式員工，對求職者不會產生任何影響。也就是說，透過此次轉正，不會造成現在求職者的機會減少或導致原本的員工失業這種結果。仁川國際機場在韓國國營企業中很受求職者青睞，因此我也能夠理解求職者的確可能會覺得不公平，但是發表外包員工正職化後持續的爭議變得非常複雜，有一部分的人嘲諷這次沒有經過公開招考就成為國營企業正式員工是「樂透就業」，而勤奮努力準備考試錄取的在職人員則表示有被剝奪感，甚至還出現了「健康的社會是根據自己的努力得到收穫，並以此承認收入上的差距」這樣的聲音。

但我想反問的是，從國、高中時期開始，能順順利利度過校園生活，想上什麼課外課程就上，進入在首都圈首爾的四年制大學後，盡情

* 歧視的一種，指在保障特定群體的公平待遇時，之前曾被偏袒的群體因此受到了新的歧視或不公平待遇。

體驗各種經歷，也不用擔心學費和生活費，同時還能做著從事某項工作的夢想，而為了實現夢想應該付出什麼努力，在獲取這方面資訊上沒有太大阻礙，並且按照計畫繼續努力，以取得成果的「平凡人」形象生活，大家真的以為這是透過「自己的努力」獲得的嗎？

非洲有句諺語說：「要撫養一個孩子，需要一整個村子的人。」因此所謂「個人」取得的結果其實可以解釋為父母、鄰居、地區、學校、老師、朋友以及自己所努力得到的結果。但在這之中，父母的影響力絕對是最大的，接受什麼樣的教育、生活在什麼樣的地區、遇到什麼樣的朋友等，應該是從出生開始就決定了。當然，雖然自己有付出努力，但這所謂的努力，其實只是像由前輪調節方向和速度然後跟著跑的後輪而已，實際上我們的生活中還存在許多自己無法控制的變數。

所有人都能健康安全地成長的社會就是機會均等，讓沒有越過特別門檻的人也能享受良好的生活，這就是公平的社會。例如，在仁川國際機場這樣的國營事業，以非正式員工轉換為正式員工的勞工約有九萬人。將大量的勞工轉換為正式員工，這是糾正盲目濫用非正式員工這種錯誤慣例的事，並且這次的轉換也是糾正這種毫無根據的歧視的契機，然而從轉正職這件事引發的憤怒和矛盾來看，不禁令人擔憂在轉換之後，這些人能否建立一個工作共同體。

好的工作和良好的勞動條件既是令人羨慕的對象，也是競爭的目標，為了守住位置而展開的鬥爭與自己的生存息息相關，因此對立非常激烈。在這過程中，我們毫不掩飾地相互厭惡、排斥和歧視彼此，例如在公家機關工作的基英，因為加班和假日工作較多，因此比年資較低的公務員拿到了更高的薪資。基英雖然不是公務員，但像公務員一樣是被保障僱傭關係的國營事業人員，因此適用與公務員不同的薪資體系，並在公家機關工作了很長一段時間，但這卻成為了其他人嫉妒的原因。基英有時候會從公務員那裡聽到他們說「現場的工作有什麼難的，明明領這麼多錢」等刻意的指責。從新進的公務員那裡聽到這種話雖然讓他覺得很無語，但是已經工作了十多年的基英，其實有許多次都感覺到自己在公家機關被當成是次等員工，所以沒有做出任何回應。在韓國公務員組織中，國營事業人員被當作次等員工對待，而從約聘員工轉換為正式員工的勞工，則被打上了「免費搭便車」的烙印。雖然公共機關正職轉換過程中出現的憤怒對象並不明確，但轉換後憤怒卻指向了轉換職位的勞工，也成為歧視、瞧不起、排斥和排擠等職場霸凌的原因，公開招募和非公開招募、公務員和非公務員都成為對立，彼此之間也拒絕成為共同體。

職場霸凌或許是這片土地上在競爭和衝突中緊張地生活著的勞工們想要守護自己的防禦機制，就像仁川國際機場，獲得好工作崗位的辛苦，以及不想被打斷獲得這份工作的愉悅心情，再加上對於失去保障豐厚福利的好工作就會什麼都沒有的恐懼，最後導致他們反對外包人員轉為正職，或是把非公開招考出身和非公務員當作沒有資格的人而貶低他們的氣氛，也許對所有的人來說，大家都覺得對自己不公平。

所以，要先給予他們安慰，雖然這是一個不競爭就無法生存的叢林，但是比起討厭彼此，若是互相抱有惻隱之心是不是更好呢？

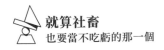

◯守護彼此

二〇一八年十月底，在職員們都在的辦公室中央，韓國未來科技董事長梁振浩打職員耳光的場面在沒有馬賽克的情況下被播出。影片中，梁振浩大聲辱罵職員，辦公室一片寂靜，其他職員似乎都屏住呼吸，竭盡全力裝作不知道這件事。但不能因此埋怨這些職員，因為對任何人來說，這樣的情況都是很可怕的。即使外界知道了某些問題，那也只不過是很小的一部分，我很好奇那些目擊者們要以怎樣的心情熬過這段時間。

我們喜歡區分內部人員和外部人員，即使我的公司有問題，也不會想要把這些問題全都讓外部人員知道。因為對上班族來說，對公司的歸屬感給人一種安全感，所以他們想透過與自己位置相似的他人共享的歸屬感來表現自己的認同感。就像離開公司的瞬間，會變得很難找到介紹自己的表達方式一樣，公司成為自己的身分認同，而區分內部人員和外部人員則成為認同自己身分的行為。

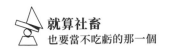

對上班族來說，內部人員和外部人員區分在於「他們是否屬於同一個公司的成員」。無論職場生活有多艱辛，很少會有人希望自己的公司倒閉，因為公司也是自己身分認同的來源。因此，若將公司內部問題攤開給外界看，可能會成為一場類似於暴露自己缺陷的危機，所以內部人員對於向外部告知公司問題或舉報的行為才會特別敏感，並且把那些人印上「背叛者」的烙印。

成為目擊者是一件複雜的事，當自己的同事被搧耳光時，只能屏住呼吸的人會是什麼樣的心情呢？他們不想打破平靜的錯覺，只能不顧那個受到欺凌的同事，且為了避免被烙上叛徒的烙印，不敢對外發出聲音，但是感受到無法採取任何行動的無力感後，他們可能會感到很挫折，並且心裡默默害怕著下一個受害者會是自己。

在日本，不僅是職場霸凌的受害者，曾經有判決連沒有受到直接言語暴力和不正當待遇，卻在同一個單位工作且目睹職場霸凌的同事，也獲得精神損失賠償金的案例。就是因為認同這些目擊者認為總有一天自己也會成為職場霸凌受害者，並且內心也會感到很痛苦，才會有這樣的案例。

因此，職場霸凌不僅是當事人的問題，如果有長期遭受職場霸凌的受害者，就會有恐懼地看著霸凌的目擊者。受害者和目擊者是一起走過痛苦時間的夥伴，因此我們需要目擊者這個角色，當受害者試圖對抗職場霸凌時，目擊者應該對給予勇氣的受害者懷抱著感恩的心，並積極成為證人，幫助受害者才對。相反地，當受害者無法做出任何應對時，他們也應該以切斷霸凌循環的心態，把自己看作另一個受害者而站出來。

當職場霸凌問題浮出水面，才能讓這件事走向解決。「我們公司有職場霸凌」的聲音，並不是造成公司麻煩的背叛行為，應該打破這種虛假的平靜，對於內部告發者的烙印應該要改為勳章，且內部告發者應該被視為對自己目睹的不公正行為感到良心不安的英雄。站在受害者這邊就是守護自己，守護受害者和目擊者也是在守護自己，我真心希望所有人能成為一條相互守護的繩索，讓令人感到痛苦的公司重新找回真正的和平。

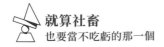

○賭一個機會

「勞務士，我贏了。」二〇二〇年十一月十二日，我突然接到這通電話。我還記得那時候身體不舒服，在家休息了好幾天，那天晚上八點左右，手機忽然響了，手機畫面上顯示的來電者是銀荷的名字。其實我在二〇一八年以後就沒有和銀荷聯絡過，這時候剛好時隔兩年。電話那頭的銀荷在哭，一開始我其實不知道她在說什麼，但在我開口反問之前，她又說了一次同樣的話：「我今天贏了，勞務士。」

二〇一七年十二月，職場霸凌一一九收到了一封郵件，當時公家機關根據韓國政府的政策，正在將非正式員工轉換為正式員工，而在京畿道A公司擔任非正式員工的銀荷也是其中等待轉正的對象。曾擔任社工師的銀荷在工作上比任何人都充滿熱情，但是她努力工作的模樣，竟然被認為是特立獨行嗎？身為上司的公務員對銀荷不滿，經常對她冷眼相待。由於政府的政策，銀荷獲得了轉換為正式員工的機會，但不知為何，銀荷因考績分數未達標而在轉換過程中被淘汰，然後被解僱了。銀荷當時主要的業務是與該地區社會低收入家庭見面進行諮詢，並提供必要的資源，她非常努力地工作，當資源不足時甚至會協助尋找兒童財團等外部資源，儘管如此，銀荷還是以績效不佳為由被解僱了。

雖然政府將非正式員工轉為正式員工的政策立意良好，但卻未能阻止轉換過程被利用為解僱平時討厭的非正式員工的手段。職場霸凌一一九的活動人士對銀荷說這是一件值得放手一搏的事，並勸她申請不當解僱補償。後來銀荷選擇找國家派遣的勞務士提出了不當解僱補償申請，但卻被駁回，二〇一八年七月，她再次聯絡了職場霸凌一一九，就這樣，我遇到了銀荷。

銀荷是我的第一個委託人，因為我主修社會福利學，很清楚銀荷所要做的事情必須付出龐大的努力才有可能實現。為了獲勝，必須要先能夠充分證明上司對銀荷的評判是主觀且毫無根據的，但是被評判者所能接觸到的資訊有限，儘管以急切的心情盡了最大的努力，卻敵不過不提供重要資訊的A公司。就這樣，我在經歷第一次負責案件時，也同時經歷了第一次的失敗。

銀荷是個好人，她總是非常尊重我，儘管知道我沒有任何經歷，但她還是相信我，可是我卻輸掉了我的第一個案件，這該怎麼辦呢？我對她感到非常抱歉。然而我們在勞動委員會輸掉判決的隔天，銀荷就向職場霸凌一一九捐款，雖然職場霸凌一一九這邊因為認為有必要繼續申訴，而免費受理了銀荷的案件，想將這筆錢還給她，卻硬是被她拒絕了，這就是我和她最後一次的聯繫。時隔兩年再次打來的銀荷卻一邊哭著一邊告訴我：「勞務士，我贏了。」

銀荷提出了行政訴訟，法院在兩年後做出推翻中央勞動委員會判決的決定。在判決確定，整個行政程序結束後，我們又見面了，銀荷手裡拿著一束黃色的小蒼蘭，愉快地邊吃飯邊和我聊起各種話題，銀荷和我住得很近，我們常走的交通動線很相似，緣分真是可怕又神奇。

三年內吵了三次，其中兩次輸了，但最終還是贏了。隨著時間拉長，內心也會變得遲鈍，在新工作崗位上也站穩了腳跟，但銀荷是以什麼樣的心情來繼續戰鬥的呢？在這漫長的鬥爭中，她到底經歷了多少次希望和挫折？銀荷之所以能夠獲勝，是因為她沒有放棄。

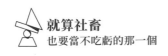

向想要放棄的人提議戰鬥，或是向不想放棄的人說放棄，都是很困難的事。剛開始工作的時候，我並沒有意識到在代理案件的某個瞬間，自己會因此介入對方的人生，只要事件結束，我就只是個代理人而已，若要與委託人一起做出人生中重要的決定，這讓我感到很大的壓力。當時我向前輩敘述了這些苦衷，前輩說也許在談起這些難處時，我還沒有抓好重心，但是當壓力、責任感和獲得信任的感激之情交織在一起時，就會覺得好像可以繼續好好做這份工作。

銀荷說，如果放任這種委屈的事，肯定還會出現其他受害者，但是時常在工作上遇到的人裡，卻有人向銀荷說出類似「難道妳是想打破這種不公正的情況嗎？」的話。對銀荷來說，她認為雖然自己蒙受了損失，但為了防止別人遭受同樣的痛苦，一定要追究到底，才開始了戰鬥。她就這樣讓加害者嚇了一大跳，也動搖了那個若無其事恣意折磨人的組織文化，她是有如英雄般的存在。遇到好的委託人是一段幸福的經歷，而與對方一起進行正義的戰鬥則是意義深遠的經驗，正如前輩所說，銀荷一直支撐著我，在我心中留下永遠的記憶，我也會為其他無數個不失去重心且默默戰鬥的銀荷們加油。

◯掙扎

職場霸凌的危險之一，就是很難對情況做出合理的判斷。在很多情況下，職場霸凌加害者就是問題的根源，但一直受到批評的人會誤以為自己犯了應該受到指責的錯誤。當然，並不是一開始就這樣，誰都知道職場霸凌是不公正的，尤其是受害者會採取各種方法抵抗這種不公正，可能是不贊同行為者指責的消極抵抗，或是為了得到內部支援的呼籲，以及展開反擊等不同程度的抗議方式。但是，如果受害者想要擺脫職場霸凌卻屢屢受挫，就會認知到即使這樣抗議也沒有任何作用，最終只能認為是自己真的沒把事情做好或不懂得待人處事，然後為了不被責罵，還會試圖讓自己適應霸凌行為者的指責。

之後發生的情況會讓受害者面臨更大的危險。當反復經歷挫折而失去抗議力量和動機時，就會對職場霸凌變得遲鈍或麻木，但這種麻木和長期服用同一種藥物時產生的抗藥性不同。這種麻木是近乎自閉，他們不會再請求幫助，只會讓自己繼續暴露在職場霸凌之中，並陷入自我孤立的惡性循環，這時候如果不考慮其他有效解決職場霸凌的方法，就會陷入更加難以擺脫的困境。

在進行職場霸凌的相關諮詢時，有時候會想要代替受害者打電話罵上司，或是冒充受害者的家人朋友到公司代替他們抗議，當受害者的態度過於畏縮，甚至無法自行判斷現在的情況有多麼不正常時，我就會產生這樣的想法。為了讓受害者產生從困境中逃出來的動機，我想大聲對他們說「不是你的錯！」但我知道這是不可能的事，因此我希望透過這篇文章建議大家不要停止掙扎。

如果上司在下班時間打給我，我會覺得很有壓力，一開始可能為了要回答上司的問題而精疲力盡，且為了給出正確答案，時常需要重新查找資料或回憶自己處理的業務。現在我通常下班後就不會回應上司的聯繫，雖然每次還是要看上司臉色，但我認為這是長期從事這份工作，為了保護自己而設定的原則。

如果被上司惡言相向，該如何應對呢？雖然希望痛快地把上司的惡言惡語頂回去，但這不是件容易的事，可是也不能因此就任其擺布。即使不能痛快頂嘴，做點什麼也很重要，像是「不和說粗話的上司對視」、「不回應大吼大叫的上司」、「不因性別歧視的玩笑而笑出來」，然後露出覺得不舒服的表情吧，再把這些收集起來，制定自己的應對方針，因為如果有應對方針，至少不會忘記「這不是我的錯」。

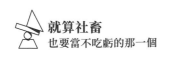

納粹大屠殺的倖存者尚・艾莫里（Jean Améry）在《罪與罰的彼岸》（*Jenseits von Schuld und Sühne*）一書中講述了「反抗」的重要性。因

為是猶太人而被納粹抓走，尚．艾莫里往返於奧斯威辛和多個集中營，不但遭受拷問，也不斷被奴役。有一天，囚犯中一個曾當過工頭的人習慣性地掮了尚．艾莫里一耳光，尚．艾莫里忍不住地同樣打了那工頭一巴掌。這是他為了恢復自己的尊嚴而進行的嘗試，雖然他立刻被制服並遭到圍攻，但尚．艾莫里回憶那一刻是找回自尊的喜悅，雖然這是一場沒有勝算的鬥爭，但也應透過抵抗不公正的行為，試圖找回被剝奪的尊嚴。

當我們面對非正常情況時，可以對抗以糾正現實，或忍耐到底。但我們並非只有兩種選擇，即使無法改變現實，也不能一昧地忍耐，就嘗試像尚．艾莫里那樣回敬一下，表達出不舒服的感覺，即使是小小的反抗也沒關係。如果按照自己的準則進行抵抗，就不會成為徹頭徹尾的犧牲者，愈是累積這些反抗的經驗，就愈會得到表達不舒服和質疑不公的勇氣。所以在感到挫折、孤立和心靈被摧毀之前，為了不失去尊嚴，先制定保護自己的準則吧。

後記　即使現在就此罷手或選擇逃避，我的故事也不會結束

我辭去第一份工作是為了準備勞務士考試。雖然有一段時間是工作和念書同時進行，但無論在時間上還是體力上都很勉強，一想到那些每天坐著念九個小時書的競爭者，我就覺得很焦慮，最後為了專心念書而辭職，開始了往返K書中心和補習班的生活。

雖然K書中心就在我家門口，但是補習班在從新林站過去還要搭公車坐五站才能到達的考試村。我上的補習班所在的新林洞是一個充滿怨

念的地區，雖然位於入學成績最高的首爾大學附近，也有很多考試院*，培養出許多高層和專業人士。但相反地，這裡也是堆積眾多考生失敗記憶的地方，可能是因為這個原因，每次去新林洞時，我都會被這裡沉重的氣氛壓得喘不過氣，並且抱著再也不要來新林洞的心態認真讀書。但我時常覺得自己特別渺小，因為我不屬於任何地方，而那種孤獨令人非常厭惡。

我小時候，有個國會議員說只要一個科目好就可以考上好大學，但是到了高中，隨著「死亡三角」的入學考試制度開始，在平時成績、大學考試以及論述等方面都要得到高分才有可能。而進入大學後，「二十多歲的爛草莓論」將貧困青年誣陷為加害者，在書店裡鋪擺上《疼痛，才叫青春》這類的自我開發書籍，但在這樣的環境下，我們真的健康成長了嗎？

在這本書快要完成的時候，發生了一個著名大企業職員被職場霸凌而自殺的事件。根據媒體報導，身為加害者的上司，已經對受害者惡言相向一段時間了，並且以強迫的方式下達工作指示。我不敢想像受害者感受到的屈辱，腦海中浮現著「與其選擇死亡，為什麼不選擇直接辭職呢？」的惋惜之情，為什麼不能放棄呢？我們為什麼無法離開自己的工作呢？

在新林洞聽完最後一堂課時，我同時產生了一種「現在真的結束了」的解放感和「真的能就此結束嗎？」的恐懼感，那個畢業於名牌大學法學院，還挑戰了好幾年司法考試，但每次都失敗的人成為行政法講師，站在我和數百名考生面前，在最後一堂課上，說了這樣一段話。

* 韓國一種專門出租給備考考生的房屋，通常租金低廉、空間狹小。

「很多考生認為如果沒考過，那麼付出了一年、兩年甚至更長時間的努力都白費了。我還記得自己挑戰了好幾年，最後還是沒考過的慘痛記憶，但是努力讀書的那段時間對我來說並不是完全沒有意義，即使最後沒有考過，但只要在準備考試時好好努力，大家一定能夠成功。和我一起在考試中落榜的朋友也調整心態，就像準備考試一樣準備了多益，很快就進入大企業，現在已經成為成功的上班族。只要像是準備考試那樣努力，你們什麼都能夠做得很好。」

考試村是韓國這個競爭激烈社會的集合體，應該也可以說是不斷成長、鞭策自己，害怕落後的我們形象的縮影。當考試落榜，那麼這段努力的時間就會變得毫無意義，自己也將無處可去，在考慮辭職的瞬間，這種茫然的感覺也會反復出現。

辭職後在準備考試期間陷入極度不安的我，心裡悲壯地想著如果這次沒考上，人生就會結束，也許是這樣的念頭成為努力學習的動機，但直到與逼迫自己的日子完全和解之前，其實我也在自我厭惡中度過了一段痛苦的時間。我所感受到的不安，完全是我自己創造的，沒有人要我站在懸崖上，是我自己站上懸崖，因為害怕，而不敢去想懸崖外還有另一個世界。

因此，我想說的是即使考試落榜、辭職，也沒有必要受到太大的挫折，即使現在就此罷休或者逃跑，我的故事也不會結束，只是會與原本熟悉的方向有點不同，要走另一條稍微彎曲的道路而已。就算不安感與孤獨感來襲，但這也是總有一天會消失的情緒，因此繼續沿著各自的道路前進吧，要知道現在的我是過去自己所有時間的總和，那麼就夠了。

附錄　勞務士教你如何好好離職

辭職的時候要拿到這些

(1) 退職金

Q. 退職金是多少，能夠以什麼樣的方式領取？

A. 在韓國，工作一年以上就可以獲得退職金*，退職金的種類有退休金和退休年金。退休金等於或高於持續工作一年的三十天平均薪資，例如，工作三年後辭職的話，大概能夠領到三個月的薪資作為退休金，並可透過韓國僱傭勞動部退職金計算器計算退休金估計金額。

退休金的原則是辭職後十四天內領取，但也可以透過雙方協議調整支付時間。

退休年金制度是為了減輕企業必須一次性支付退休年金的負擔，並防止因拖欠而導致勞工無法領取退休年金的風險而引進的制度。

透過退休年金制度積累退休金時，辭職後這筆錢就會轉移到個人IRP帳戶（Individual Retirement Plan，個人退休金計畫帳戶），可以一次性領取或繼續累積，在必要時可以用年金形式來領取。辭職後如果有空白期的話，可以有效地使用退職金，因此所以最好預先確認自己設定了什麼樣的退職金制度，以及能得到的金額是多少。

* 退職金是韓國一項基本社會保障制度，勞工在離職時才能一次性拿到的離職遣散費。

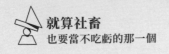

臺灣的情況

與韓國不同，臺灣勞工自願離職時並不會領取所謂的「退職金」，而針對勞工退休，政府主要提供的三大保障，分別為「勞工保險老年給付」、「國民年金保險老年年金」和「勞工退休金」，各自有不同的適用條件以及領取方式。以下表格概述臺灣的三大退休金制度：

勞工退休保障	三大退休金制度內容	請領條件
勞工保險老年給付	屬於社會保險之一，在職勞工只要依規定繳交保險費，離職退保且符合請領條件時，便可提出申請。	1. 投保年資滿十五年，辦理退保後，可選擇月領年金或一次領（民國九十七年十二月三十一日前有勞保年資者，才能選擇一次請領老年給付）。 2. 投保年資未滿十五年，辦理退保後，僅能選擇一次領。

勞工退休保障	三大退休金制度內容	請領條件
國民年金保險 老年年金	屬於社會保險之一，主要納保對象為年滿二十五歲、未滿六十五歲，沒有參加勞保、農保、公教保、軍保的國民。被保險人依規定繳費，滿六十五歲可獲得老年經濟生活的基本保障。	年滿六十五歲，曾參加國民年金保險且依規定繳納保險費。
勞工退休金	雇主應給予員工的退休保障，屬於雇主對員工的法定責任之一。勞工退休金分為新、舊制，舊制工作年資採計以「同一事業單位為限」，新制於民國九十四年七月一日施行，工作年資採計「不限同一事業單位」。	舊制：勞工服務於同一事業單位，且符合下列情形可自請退休 1. 工作十年以上，年滿六十歲。 2. 工作十五年以上，年滿五十五歲。 3. 工作二十五年以上。 新制：年滿六十歲，無論是否在職，都可以請領 1. 工作年資未滿十五年者，請領一次退休金。 2. 工作年資滿十五年以上者，選擇請領月退休金或一次退休金。

（來源：我的E政府網站）

Q.不管是誰，辭職都可以得到退職金嗎？

A.每週平均工作不到十五小時的超短時間勞工、自由接案業者無法領取到退職金。但即使簽訂了自由接案、承包、勞務或委託等合約，若業務內容或工作形態等實質上與勞工相同，那麼也可以獲得退職金，因此最好仔細比較合約和實際工作情況，接受專業諮詢。

(2) 帶薪休假

Q.我能使用的帶薪休假有幾天？

A.如果一年內上班天數達百分之八十以上，就會有十五天的帶薪休假，持續工作三年以上有十六天，持續工作五年以上有十七天，最多可以使用二十五天的帶薪休假。而連續工作不到一年的勞工做滿

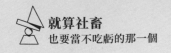

一個月，會有一天的帶薪休假，然而未滿五人的企業勞工和每週平均工作不到十五小時的超短時間勞工不會有帶薪休假。

臺灣的情況

帶薪休假，也就是臺灣較常使用的「特別休假」（特休）。根據《勞基法》規定，勞工在同一雇主或事業單位，繼續工作滿一定期間者，六個月以上一年未滿者，應給予三天特休；一年以上兩年未滿者，應給予七天特休；兩年以上三年未滿者，有十天特休；三年以上五年未滿者，每年十四天；五年以上十年未滿者，每年十五天；十年以上者，每一年加給一日，加至三十日為止。

Q. 如果沒能使用帶薪休假，會就這樣消失嗎？

A. 帶薪休假是為了休息而建立的制度，因此，雖然在工作的時候使用是符合基本宗旨的，但很多時候也無法隨意使用休假，如果沒能使用帶薪休假，可以獲得帶薪休假津貼。

臺灣的情況

《勞基法》規定，勞工因年度終結或契約終止而沒有使用完的特休，雇主折算成工資，但可經勞雇雙方協商遞延至下一年度，如果在次年度終結或契約終止仍未休完，雇主應發給工資。

(3) 拖欠薪資

Q. 薪資有少或拿不到薪資該怎麼辦？

A. 經常加班卻沒拿到加班費，或是沒有拿到帶薪休假津貼，以及未達到最低薪資等情況，即使知道這樣不合理，但在職期間也很難向勞動部申訴公司。但沒收到的錢還是得還給員工才行，因此如果有被拖欠的薪資，可以向勞動部申報，並獲得返還三年的薪資。如果沒有得到延長工時的勞動津貼，就要提前確保能夠證明上下班時間的資料等，在職期間很容易拿到相關資料，但如果決定要辭職，最好先瞭解一下少了哪一種類型的薪資，並且準備好證明拖欠薪資需要的資料後再來往下進行。

臺灣的情況

針對雇主惡意欠薪，勞工可以先依照《勞資爭議處理法》等相關規定向勞工局請求協調或調解，若勞資爭議調解失敗，才會透過法院以訴訟方式追討欠薪。但有一點要特別注意，申請勞資爭議調解必須在勞工發現雇主有欠薪的情況後的三十天內提出，才能向雇主追討回薪資、資遣費或加班費等權益。另外，根據《勞基法》規定，雇主若拖欠薪資，主管機關可對其處以二萬元到一百萬元之間的罰鍰，勞工也能要求老闆限期給付薪資，或自提離職並依法請求資遣費。

(4) 失業補助

Q. 不管是誰，只要辭職的話都可以拿到失業補助嗎？

A. 每個月從薪資中扣除四大保險費，其中就包含了僱用保險費，失業補助不是企業主給的，而是從我們按時繳納的僱用保險費組成的僱用保險基金中拿出來的。

只要滿足兩個條件，就可以獲得失業補助，一項是在辭職日之前的十八個月裡，加入僱用保險的時間必須超過一百八十天，同時勞工必須處於即使有工作的意向和能力，但也無法就業的狀態，也就是非自願離職，相反地，若是因為重大究責事由而被解僱或自行辭職，就不能領取失業補助。

這裡還有一點需要進一步分析，即使勞工主動辭職，也可以獲得失業補助的例外情況。如果勞工有被拖欠薪資、收到未達法定最低薪資的薪資、受到歧視、受到性騷擾以及通勤時間被增加到往返三個小時以上、因疾病等而不能工作、被公司勸告辭職或被企業主毆打等，這時候就算是主動離職，通常也可以被認定為非自願離職的情況，因此可以領取失業補助。

臺灣的情況

根據《就業保險法》第十一條規定，想要請領失業給付必須符合以下條件：

① 被保險人為非自願離職。
② 辦理退保當日前三年內，保險年資合計滿一年以上。
③ 具有工作能力及繼續工作意願。

④ 向公立就業服務機構辦理求職登記，自求職登記之日起十四日內仍無法推介就業或安排職業訓練。

與公司安全地分手

(1) 辭職

Q. 應該什麼時候遞辭呈？

A. 工作合約當事人可以隨時解除合約，但雇主單方面解除工作合約的話就是解僱，因此雇主不能隨意解除勞工的工作合約。而勞工隨時都可以解除工作合約，只要想辭職時提交辭呈即可。

Q. 要在辭職前一個月提交辭呈嗎？

A. 不一定。也有即使提交了辭呈，但雇主卻不接受的情況，儘管如此，提交辭呈一個月後，辭職就會發生效力。有時企業的勞僱契約或工作合約中會規定，想要辭職必須提前一個月提交辭呈，這符合韓國《民法》規定，同時，也可以說是公司為了最大限度地減少業務空窗期的安全裝置，例如招聘接手的人、業務交接等。因此若勞僱契約或工作合約中有必須在辭職前一個月提交辭呈的規定，最好遵守規則。當然，勞工隨時都可以解除工作合約，但要注意如果是不遵守規定突然辭職，可能會發生損害賠償責任。

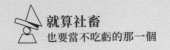

臺灣的情況

根據《勞基法》規定，無論是「雇主要解雇勞工」或「勞工要辭職」時，都要事先告知離職預告期。而預告期的長短會依照年資而有所差異：

工作未滿三個月：零天（不用預告）。

工作滿三個月未滿一年：十天前預告。

工作滿一年但未滿三年：二十天前預告。

工作滿三年以上：三十天前預告。

Q. 聽說突然辭職造成公司損失而被要求賠償，這是可以的嗎？

A. 根據情況會有所不同。如果擁有一定業務權限和責任的勞工突然辭職，導致原本負責的業務癱瘓且無法恢復，造成嚴重的經濟損失時，公司可以向勞工要求賠償損失。例如，某個專案正進行得如火如荼，如果負責人突然辭職，導致專案的進行狀況變得不透明，那麼對企業造成的損失也會產生相應的損害賠償責任，也許該專案投入的費用就會是損失金額。也就是說，因「勞工突然辭職」行為而發生的「損失」，這兩者的因果關係必須明確，如果可以確定具體損失金額，那麼就會發生損害賠償責任，但這種情況並不常見。

在現實中，有勞工不像專案負責人一樣對專案營運具有決定性權限，但也被公司說是「無故辭職」並提出損害賠償請求的案例。

在現有勞工辭職和新勞工入職的過程中，一定會出現一段業務空窗期，這是雇主應該承擔的責任。若雇主要將營運事業必然會發生的空窗期歸責給勞工並追究損害賠償責任，根本就是毫無根據的威脅。如果經歷了這樣的事，要考量自己在工作上擁有多少權限和責任以及自己的辭職是否對公司的營運造成了很大的影響，還有是否可以確認損失額，然後再判斷是不是雇主方面單純的威脅。

Q. 辭呈可以撤回嗎？

A. 根據辭呈內容的目的而有所不同。如果是因為「要辭職」的通報，相當於解除工作合約的通知，所以不能撤回。相反地，如果是表示「想辭職，請批准」的意向，那麼就相當於是約定解除工作合約，在雇主受理辭呈之前都可以撤回。因此，若是提交辭呈後改變了想法，就應該表明撤回的意思，為了應對撤回辭職的糾紛，必須透過

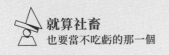

書面、電子郵件或簡訊等表明撤回辭呈的意向，並留下證據。而如果在辭呈受理前表明撤回意向，也被有效撤回了，但公司仍然對勞工進行退職處理的話，那麼就不是辭職，而是解僱了。

Q. 我不想辭職，但是雇主強迫我寫辭呈，這樣也算是被解僱了嗎？

A. 不算是。雖然職場霸凌中有很多慫恿勞工辭職的案例，但是一旦你寫完辭呈並提交的話，那就不是被解僱，而是辭職。因此就算是自己無意辭職，但是被勸告後提交辭呈，這樣的勸告辭職也同樣包括在辭職中。自願退休或名譽退休最終也是根據自己的決定來提交辭呈，所以算是辭職。因此提交辭呈要慎重，如果想伸張被強迫辭職的委屈，絕對不要寫辭呈，乾脆被解僱後申請不正當解僱賠償可能會是一種更好的方法。

(2) 解僱

Q. 解僱有哪些種類?

A. 解僱有懲戒型解僱、因經營上的理由解僱或一般解僱這三種。懲戒型解僱是以勞工的歸責事由作為懲戒被解僱的情況;而因經營上的理由解僱是以雇主在經營上的困難為由解僱;一般解僱則是以勞工業務能力明顯降低或身體殘疾等難以執行業務為由解僱。

Q. 公司以困難為由進行裁員,只能直接被解僱嗎?

A. 不是的。根據經營上的理由解僱(裁員)是雇主因經營困難而解僱勞工,因為勞工沒有歸責事由,因此在《勞基法》上比起一般的解僱受到更嚴格的限制。首先①必須要有公司面臨倒閉的緊迫性才可解僱，若單純只是公司營運困難或當事人業績不佳，不能說是具有解僱勞工的緊迫性。②即使有緊迫性需求，解僱也是最後手段，要先努力避免裁員，先利用安置、調動、改變工作方式、停止招聘新人、自願退休等方式。③選擇解僱對象時，要遵循合理且公正的標準，不能以性別或工會成員身分等為由差別對待。④在解僱日前五十天，應就這些避免造成解僱的努力和解僱的標準等，與以過半數勞工所組成的工會（如果沒有的話就是和勞工代表）誠實地進行協商。如果違反這一系列的條件，那麼就有可能是不正當解僱，因此單純地以公司經營困難為由進行裁員時，必須查看是否確實遵守條件。

臺灣的情況

這種因經營困難而裁員的情況在臺灣適用《勞基法》第十一條，也就是俗稱的經濟型解僱或資遣。要達成資遣需包含以下五個條件之一：

①歇業或轉讓時。
②虧損或業務緊縮時。
③不可抗力暫停工作在一個月以上時。
④業務性質變更，有減少勞工之必要，又無適當工作可供安置時。
⑤勞工對於所擔任之工作確不能勝任時。

除了要符合上述條件，經濟型解僱也需適用「解僱最後手段性原則」，指雇主要依《勞基法》規定解僱員工時，負有安置義務，若無處安置或已無其他方法能繼續僱用勞工，解僱是最終且不得已的手段，才可依法終止勞動契約。

Q. 如果在工作中犯錯，即使被懲戒解僱了也沒有辦法？

A. 不是的。雖然可以懲戒有歸責事由的勞工，但事由、懲戒程度和程序等要有正當性。首先，要查看工作規則中懲戒解僱理由是如何規定的，也就是說，應該要有足以解僱的歸責事由。此外，解僱事由必須是雙方信賴關係崩潰至社會觀念上無法繼續維持勞動關係的情況，這表示不能因為只是遲到幾次就解僱勞工。這種情況下，不僅不能成為懲戒解僱的理由，而且在懲戒程度方面也不合理。雖然對於公司規定的懲戒理由之違法行為，可以進行適當的處分，但如果處分過度，則視為濫用懲戒權。即使事由和處分正當，也要遵守《勞基法》和工作規則中規定的懲戒解僱程序。以書面形式通報解僱，召開懲戒委員會，給勞工解釋的機會等程序上的正當性也很重要，因為即使勞工有違紀行為，若在懲戒解僱理由、懲戒程度和程序方面不具備正當性，則有可能成為不當解僱。

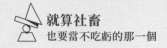

臺灣的情況

在臺灣，懲戒型解僱或開除適用《勞基法》第十二條，一共有六個條件：

①於訂立勞動契約時為虛偽意思表示，使雇主誤信而有受損害之虞者。

②對於雇主、雇主家屬、雇主代理人或其他共同工作之勞工，實施暴行或有重大侮辱之行為者。

③受有期徒刑以上刑之宣告確定，而未諭知緩刑或未准易科罰金者。

④違反勞動契約或工作規則，情節重大者。

⑤故意損耗機器、工具、原料、產品，或其他雇主所有物品，或故意洩漏雇主技術上、營業上之秘密，致雇主受

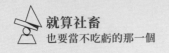

有損害者。

⑥無正當理由繼續曠工三日，或一個月內曠工達六日者。

關於第四點「違反勞動契約或工作規則，情節重大者」，雇主須謹慎考量情節是否重大，包含初次或累次、故意或過失、勞雇關係等，或參酌以下六個條件：

①平等對待原則。

②罪刑法定主義的要求。

③不溯既往原則。

④個人責任原則。

⑤懲戒相當性原則。

⑥懲戒程序的公正（查清事實真相予勞工本人辯白的機會）等方面予以衡量。

Q. 解僱通知是什麼？

A. 如果雇主想解僱勞工，需要先以書面通知解僱理由和時間，只有書面通知才能產生解僱效力，而即使發出書面通知，如果沒有寫清楚解僱理由和時間，則解僱無效。如果只是口頭通報解僱，那當然是不當解僱，有時為了回避不當解僱的問題，雇主會改口他沒有說過要開除勞工，甚至更嚴重的問題是，有口頭接到解僱通知的勞工沒有上班，雇主卻宣稱未曾解僱他，後來又以無故缺勤為由，再次解僱勞工的情況。因此為了預防圍繞著解僱存在與否的紛爭，必須事先確保能夠證明解僱事實的資料，例如錄音保留口頭通報解僱時的情況，或是透過電子郵件或簡訊再次確認解僱事實並留下紀錄等方式。但要注意的是，未滿五人的企業勞工不適用《勞基法》書面通報解僱的規定。

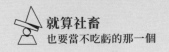

臺灣的情況

臺灣法律並未規定雇主必須以書面傳達解僱通知，可用對話方式之口頭解僱，讓對方瞭解而生效。但曾有不肖雇主利用口說無憑，在口頭解僱後，勞工以為勞僱契約已經中止，再發存證信函主張勞工曠職後再依《勞基法》再次解僱。因此還是建議勞工必須取得雇主終止勞動契約的事由及證據，保護自己的權益。

除了通知形式，雇主還必須遵守「預告期間」規定，提前通知勞工，並給予勞工謀職假和資遣費，規定細節如下：

預告期間	1. 工作三個月以上未滿一年：十日前預告之。 2. 工作一年以上未滿三年：二十日前預告之。 3. 工作三年以上：三十日前預告之。 預告期間薪水必須照給，縱使沒有預告，仍應給付預告期間薪水。
謀職假	勞工接到通知後，每週可以請「不超過二日」之謀職假，且謀職假不得扣薪。
資遣費	應於解僱後三十日內給付資遣費。 計算標準：按其工作年資，每滿一年發給二分之一個月之平均工資，未滿一年者，以比例計給；最高以發給六個月平均工資為限。

此外，雇主應遵循《就業服務法》第三十三條規定，依法進行資遣通報，在員工資遣離職日「十日」前，將被資遣員工姓名、性別、年齡、住址、電話、擔任工作、資遣事由及是否需就業輔導等事項，列冊通報當地主管機關及公立就業服務機構，才算完成所有合法資遣流程。

Q.雇主可以隨時解僱勞工嗎？

A.不行。撇開解僱的正當性，有些期間是絕對不能解僱勞工的，例如因職業災害停工期間和其後三十天內、產假期間和其後三十天內以及育嬰假期間。若在這些完全禁止解僱的期間內解僱勞工的話，可以處以五年以下有期徒刑或五千萬韓元（約新臺幣一百二十萬元）以下罰款（育嬰假的情況下，可以處以三年以下有期徒刑或三千萬韓元以下的罰款）。要注意的是，一般來說即使被認定為不當解僱，也沒有任何關於雇主的處罰規定；相反地，在絕對禁止解僱期間，則對解僱有處罰規定，對於職業災害、產假及育嬰假期間的員工必須受到特別保護。

臺灣的情況

在臺灣有兩種情況雇主原則上是禁止解僱勞工的。第一種是符合《勞資爭議處理法》第八條規定之冷卻期間，也就是在勞資爭議調解、仲裁或裁決期間，資方不得再以爭議之事由終止勞動契約。第二種是《勞基法》第十三條規定，在女性勞工產假育嬰期間，以及勞工職災醫療期間，雇主都不可以解僱勞工，僅有例外須經報主管機關核定才可以依法辦理資遣解僱。如違反《勞基法》第十三條，將處以九萬元以上、四十五萬元以下罰鍰。

Q. 被解僱的時候，要如何申訴？

A. 勞工可以向勞動委員會申請不當解僱申訴，雖然也可以向法院提出解僱無效訴訟，但程序複雜且耗時，費用也較高，因為解僱直接影響勞工生計，比起訴訟，利用更簡便、更迅速的勞動委員會制度也很好。

如果在被解僱後三個月內向公司營業地點管轄的地方勞動委員會提交不正當解僱申訴書，將必須和雇主就解僱正當性進行書面辯論的攻防戰，並在兩個月後召開聽證會。這個程序就像一種審判，在聽證會上對當事人的主張和事實關係進行核實，並就解僱問題進行問答，然後判定解僱是否正當。

如果被判定為不當解僱，勞工可以恢復原職，並獲得相當於在解僱期間工作應得薪資的補償。如果勞工不想復職，也可以透過申請金錢補償命令，獲得包括相當於薪資的金錢補償。也可以不經過判定，以當事人之間的和解來結束案件。

勞動委員會也是韓國的準司法機構，因此最好聘請法律專家像是勞務士或律師作為代理人，每月平均薪資不到二百五十萬韓元（約新臺幣六萬元）的勞工可以透過權利救濟代理人（國選勞務士）制度免費指定代理人，但未滿五人的企業勞工因不適用限制解僱的《勞基法》，因此不能利用勞動委員會制度。

臺灣的情況

在臺灣，若雇主在沒有與勞工合意終止勞動契約的情況下解僱勞工，勞工可以：

①向勞動部提出申訴或檢舉，例如撥打一九五五勞工諮詢

申訴專線或 Email 至勞動部民意信箱。

②向地方勞工行政主管機關勞工局（處）申訴，依《勞資爭議處理法》規定向其申請調解或仲裁，可以撥打一九九九便民專線或勞工局電話，也可以洽詢各縣市政府的民意信箱。

③向具管轄權之法院提起訴訟或進行調解。

假設法院最後判決確認雇主終止勞動契約為不當解僱，勞工可以請求雇主給付這段時間的工資，若勞工在進行訴訟期間找到了新工作，雇主可以主張給付扣除新工作工資後的金額。

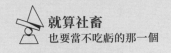

(3) 勞動關係自動終止（自然退休）

Q. 有規定工作合約期限的約聘制勞工在合約期滿後，必須無條件離開公司嗎？

A. 原則上，約聘制勞工在工作合約期滿後，勞動關係就會結束，只有兩種情況例外。

首先，若規定期限只是一種形式，那就會是例外。雖然以工作合約規定了合約期限，但有種情況是在數年間反復更新類似內容的工作合約，實際上就成了無限期合約。例如，如果你在一個企業工作超過兩年，且每年都以年為單位更新工作合約，那就可以視為轉換成無限期合約，而拿著無限期合約說要以合約期滿為由終止勞動關係是前後矛盾的說法，這無異於是解僱。

此外，若雖然簽訂了約聘制合約，但有經過一定評估後可以更新合約期限的規定，或存在其他約聘制勞工續簽合約的慣例，或是多次聽雇主說工作合約可以更新等對合約更新的期待得到認可的情況，那麼以合約期滿結束勞動關係可能就屬於解僱。在以上兩種例外情況中，勞動關係自動終止可能是不當解僱，因此可以受到《勞基法》的保護。

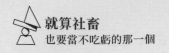

臺灣的情況

臺灣《勞基法》原則上不允許像一年一聘這類的「定期契約」，按規定只有「不具備繼續性」的工作，包括臨時性、短期性、季節性以及特定性這四種工作性質才能締結定期契約。

而合法簽訂定期契約的約聘勞工如果期滿離職，不屬於解僱，雇主不需負擔任何資遣費。約聘勞工若想追討資遣費，必須主張簽訂的為「不定期契約」，而在《勞基法》第九條規定：「有繼續性工作應為不定期契約。定期契約屆滿後，有下列情形之一者，視為不定期契約：一、勞工繼續工作而雇主不即表示反對意思者。二、雖經另訂新約，惟其前後勞動契約之工作期間超過九十日，前後契約間斷期間未超過三十日者。」除了政府聘用人員、經公告不適用勞基法的職業以外，約聘勞工也受到《勞基法》保障，勞工可以透過訴訟主張自己的權利，討回屬於自己的資遣費！

Q. 如果是人力派遣公司所屬勞工，在勞務合約終止時，就沒有可以工作的地方了，那與派遣公司的勞動關係是否會自動終止？

A. 不會。即使派遣公司和外包企業之間的勞務合約結束，派遣公司和勞工之間的勞動關係也不會自動結束。在這種情況下，派遣公司應該透過將勞工安排到其他企業等方法來維持勞動關係，如果以外包勞務合約終止為由來終止勞動關係，則屬於解僱而不是自動終止。

就算工作也要保護好自己

(1) 職業災害事故

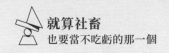

Q. 如何申請職業災害？

A. 職業災害有工作事故、職業病和通勤災害等類型，工作事故是指在工作過程中受傷，職業病是指在工作中罹患疾病，而通勤災害是指在上下班途中發生事故的情況。

以工作事故為例，在去醫院初診時就應該表明是在工作中發生了事故而受傷，只有這樣，醫生在填寫診斷書時，才會把傷患是工作時因事故受傷的情況記錄下來。之後，可以到勞動福利公團網站填寫療養津貼申請書，並附上醫生診斷證明給所在地區管轄的勞動福利公團即可，如果發生事故時有叫救護車，可以在韓國政府服務網站「政府24」開具救助急救證明書並附上。除此之外，如果有目擊事故或能夠證明事故發生的事實，可以作為資料附上。另外，從企業主或第三方等處收受相當於保險金的財物時，必須附上可以知道財物明細或金額的文件。

與工作相關的職業病也可以填寫上述表格，提交給勞動福利公團，但是與工作事故不同，要證明疾病與工作的因果關係並不容易，因此最好接受勞務士等專家的建議。

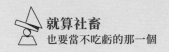

臺灣的情況

根據臺灣《職業安全衛生法》規定，只要是勞工勞動場所或作業活動及其他職業上原因引起勞工疾病、傷害、失能或死亡者，可稱為職業災害，包括職業傷害和職業病。在執行職務或工作時間（包含通勤、中午用餐等），受到立即性的傷害，即屬於職業傷害；而因工作導致身體產生疾病，經醫生診斷後與工作有明確因果關係，就可以算是職業疾病。

當職災發生時，勞工可自行從勞保局官網下載「職災醫療書單」，交由投保單位填寫並蓋章，然後帶著健保卡等身分證明文件和職災醫療書單到醫院辦理門診或住院即可。如果是緊急就醫，勞工需先向醫院聲明為「職災勞工」並索取收據，在十天內或出院前補送職災醫療書單，向醫院申請核退費用，未於十天內補送者，可於六個月內向勞保局申請核退。

臺灣的勞保職災醫療給付主要有兩點補助：免繳健保部分負擔費用，以及若有住院，住院三十天內的膳食費用減半。

Q. 在工作中受傷了，如果沒有以職業災害處理，而是以因公負傷來處理也沒關係嗎？

A. 在工作中受傷，不申請職業災害保險，而是由公司自行負擔醫療費，這被稱為因公負傷處理。如果公司有職災發生，可能會成為勞動監督的對象，保險費也會隨之上漲，因此許多公司比起職業災害保險，更傾向於採用因公負傷來處理。

勞工可能會以為沒有什麼大問題，因為公司會負擔眼前的這些醫藥費，但如果以因公負傷處理，可能會發生幾個問題。

① 如果留下無法根治的殘疾，那從一開始就透過職業災害保險處理的話，還可以申請傷殘補助，但如果是以因公負傷來處理，則會因為沒有因工作事故接受治療時留下殘疾的紀錄，所以不能申請傷殘補助。

② 如果在治療中死亡，從一開始就透過職業災害保險處理的話，可以得到遺屬撫卹金、喪葬費補助等，但如果是用因公負傷來處理，就很難證明是在因工作事故而接受治療時死亡，因此不能得到這些補償。但是公司可以提出慰問金或協議金，只是金額很有可能比職業災害保險處理的金額低。

③ 以因公負傷處理就等於是在利用健康保險，由公司而不是當事人承擔患者的醫療費用。原則上，如果是在工作中受傷，就以職業災害保險處理，如果使用健康保險而不是職業災害保險的因公負傷處理，嚴格來說可以說是一種保險欺詐，如果韓國國民健康保

險公團*得知勞工是因公負傷的情況，那麼他們有權收回公團負擔金。

臺灣的情況

臺灣勞工保險針對職災有四大給付，除了就醫時的職災醫療給付，還有職災傷病給付、職災失能給付和職災死亡給付。根據勞工是否具備職災勞工身分，會影響各給付申請的金額，例如，以一般勞保勞工身分申請普通傷病給付，可請領金額為前六個月平均月投保薪資的一半，而且會依據勞保年資長短，請領期間為六個月至一年；如果是以職災勞工身分申請的職災傷病給付，請領金額第一年為前六個月平均月投保薪資的百分之七十，第二年為前六個月平均月投保薪資的一半，而不論勞保年資，最長可以請領兩年。職災失能或死亡，也都會比一般勞保給付多出百分之五十或加發十個月的補償金。

(2) 職場霸凌

Q. 如何檢舉職場霸凌？

A. 若認為在職場遭受了言語或身體暴力、排擠、私人業務指示等職場霸凌，可以向雇主或勞動部檢舉。首先，先瞭解公司的工作規則中

* 韓國的健保制度，類似臺灣健保局的角色。

關於職場霸凌的處理方法，且最好查看是否有專責處理申報的人員、是否有申報書的樣式以及可以要求的保護措施等。

要檢舉職場霸凌，必須充分準備證據資料，例如錄音、影片、照片、簡訊或電子郵件等客觀資料。錄音時只允許錄下包含本人的對話內容，若錄下不包含本人的他人之間的對話可能會被當成竊聽，因此要特別注意。此外，若無法提出客觀的證明資料，最好持續記錄具體的職場霸凌內容。

臺灣的情況

不論是《職業安全衛生法》或《民法》都有規定對於勞工因他人行為而導致身體或精神遭受傷害，雇主須制定不法侵害預防計畫；換句話說，不管職場霸凌發生的層級或對象，雇主都有預防責任。因此遭受職場霸凌時，勞工可向雇主申訴，若雇主未依規定辦理，勞工可向勞動檢查處申訴。如霸凌形式未涉及民事或刑法，建議勞工可逕循司法途徑，或通報警察機關。

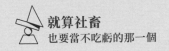

實用知識 85

就算社畜，也要當不吃虧的那一個

專業勞務士助你合法捍衛權利，斬妖除魔，遠離職場鬼故事

직장인 A 씨 : 우리는 왜 일터를 떠나지 못하는가

作　　者：確慧仁
譯　　者：楊筑鈞
責任編輯：簡又婷
校　　對：簡又婷、林佳慧
封面設計：木木 Lin
版型設計：Yuju
內頁排版：洪偉傑
寶鼎行銷顧問：劉邦寧

發 行 人：洪祺祥
副總經理：洪偉傑
副總編輯：林佳慧
法律顧問：建大法律事務所
財務顧問：高威會計師事務所
出　　版：日月文化出版股份有限公司
製　　作：寶鼎出版
地　　址：台北市信義路三段 151 號 8 樓
電　　話：(02) 2708-5509　傳真：(02) 2708-6157
客服信箱：service@heliopolis.com.tw
網　　址：www. heliopolis.com.tw
郵撥帳號：19716071 日月文化出版股份有限公司

總 經 銷：聯合發行股份有限公司
電　　話：(02) 2917-8022　傳真：(02) 2915-7212
印　　刷：軒承彩色印刷製版股份有限公司
初　　版：2023 年 4 月
定　　價：340 元
I S B N：978-626-7238-51-6

직장인 A 씨 (Office Worker A)
Copyright © 2021 by 최혜인 (Choi Hye In, 確慧仁)
All rights reserved.
Complex Chinese Copyright © 2023 by HELIOPOLIS CULTURE GROUP CO., LTD
Complex Chinese translation Copyright is arranged with TOMATO PUBLISHING HOUSE through Eric Yang Agency

國家圖書館出版品預行編目資料

就算社畜，也要當不吃虧的那一個：專業勞務士助你合法捍衛權利，斬妖除魔，遠離職場鬼故事／確慧仁著；楊筑鈞譯 . -- 初版 . -- 臺北市：日月文化出版股份有限公司 , 2023.04
256 面；14.7×21 公分 . --（實用知識；85）
譯自：직장인 A 씨 : 우리는 왜 일터를 떠나지 못하는가

ISBN 978-626-7238-51-6（平裝）

1.CST: 勞資關係　2.CST: 勞動問題　3.CST: 工作環境

556.6　　112001458

◎版權所有．翻印必究
◎本書如有缺頁、破損、裝訂錯誤，請寄回本公司更換

日月文化集團
HELIOPOLIS
CULTURE GROUP
客服專線 02-2708-5509
客服傳真 02-2708-6157
客服信箱 service@heliopolis.com.tw

廣告回函
台灣北區郵政管理局登記證
北台字第 000370 號
免貼郵票

日月文化集團 讀者服務部 收

10658 台北市信義路三段151號8樓

對折黏貼後，即可直接郵寄

日月文化網址：**www.heliopolis.com.tw**

最新消息、活動，請參考 FB 粉絲團

大量訂購，另有折扣優惠，請洽客服中心（詳見本頁上方所示連絡方式）。

大好書屋　寶鼎出版　山岳文化

EZ TALK　EZ Japan　EZ Korea

大好書屋・寶鼎出版・山岳文化・洪圖出版　EZ叢書館　EZKorea　EZTALK　EZJapan

日月文化集團
HELIOPOLIS
CULTURE GROUP

就算社畜，也要當不吃虧的那一個

感謝您購買 專業勞務士助你合法捍衛權利，斬妖除魔，遠離職場鬼故事

為提供完整服務與快速資訊，請詳細填寫以下資料，傳真至02-2708-6157或免貼郵票寄回，我們將不定期提供您最新資訊及最新優惠。

1. 姓名：＿＿＿＿＿＿＿＿ 性別：□男 □女
2. 生日：＿＿＿年＿＿＿月＿＿＿日 職業：
3. 電話：（請務必填寫一種聯絡方式）
（日）＿＿＿＿＿＿（夜）＿＿＿＿＿＿（手機）＿＿＿＿＿＿
4. 地址：□□□＿＿＿＿＿＿＿＿
5. 電子信箱：＿＿＿＿＿＿＿＿
6. 您從何處購買此書？□＿＿＿＿＿縣/市＿＿＿＿＿書店/量販超商
□＿＿＿＿＿網路書店 □書展 □郵購 □其他
7. 您何時購買此書？ 年 月 日
8. 您購買此書的原因：（可複選）
□對書的主題有興趣 □作者 □出版社 □工作所需 □生活所需
□資訊豐富 □價格合理（若不合理，您覺得合理價格應為＿＿＿＿）
□封面/版面編排 □其他＿＿＿＿＿＿＿＿
9. 您從何處得知這本書的消息： □書店 □網路／電子報 □量販超商 □報紙
□雜誌 □廣播 □電視 □他人推薦 □其他
10. 您對本書的評價：（1.非常滿意 2.滿意 3.普通 4.不滿意 5.非常不滿意）
書名＿＿＿ 內容＿＿＿ 封面設計＿＿＿ 版面編排＿＿＿ 文/譯筆＿＿＿
11. 您通常以何種方式購書？□書店 □網路 □傳真訂購 □郵政劃撥 □其他
12. 您最喜歡在何處買書？
□＿＿＿＿＿縣/市＿＿＿＿＿書店/量販超商 □網路書店
13. 您希望我們未來出版何種主題的書？＿＿＿＿＿＿＿＿
14. 您認為本書還須改進的地方？提供我們的建議？

實　用

知　識

寶鼎出版